Die Besteigung des Chimborazo

Paul Kanut Schäfer
Rainer Simon

DIE BESTEIGUNG DES CHIMBORAZO

Eine Filmexpedition auf Alexander von Humboldts Spuren

vgs

CIP-Titelaufnahme der Deutschen Bibliothek

Schäfer, Paul Kanut:
Die Besteigung des Schimborazo : eine Filmexpedition auf Alexander von Humboldts Spuren / Paul Kanut Schäfer ; Rainer Simon. - 1. Aufl. - Köln : vgs, 1990
ISBN 3-8025-2200-1
NE: Simon, Rainer:

Diese Ausgabe entstand in enger Zusammenarbeit
und unter maßgeblicher Beteiligung des
Henschel Verlags, Berlin.

Die vgs dankt dem ZDF und der DEFA
für gute Zusammenarbeit.

Bildnachweis:
Farbbildteile: DEFA - W. Ebert, Roland Dressel;
Alexander von Humboldt-Forschungsstelle
der Akademie der Wissenschaften der DDR
(S. 17, 27, 32, 38, 56, 61, 83);
Deutsche Staatsbibliothek Berlin/DDR,
Nachlaß Alexander von Humboldt,
Reisetagebuch VII b und c (S. 97, 102);
Abbildung S. 92 mit freundlicher Genehmigung
des Verlags der Nation, Berlin;
Abbildung S. 18 aus: Die Luftfahrer,
Lust und Abenteuer des Ballonflugs.
Ohne Ort und Jahrgang;

1. Auflage 1990

Lektor: Jürgen Bretschneider
Schutzumschlag: Papen Werbeagentur, Köln
Satz: Regrafo EPS GmbH, Düsseldorf
Reproduktion: Regrafo GmbH, Kempen
Druck und Verarbeitung: May & Co., Darmstadt
Printed in Germany
ISBN 3-8025-2200-1

INHALT

Vorwort

›Indem wir die Einheit
des Menschengeschlechts behaupten,
widerstreben wir auch jener
unerfreulichen Annahme von höheren
und niederen Menschenrassen . . .
Alle sind gleichmäßig
zur Freiheit bestimmt.‹

Alexander von Humboldt

Am 7. September 1989, unmittelbar vor den revolutionären Ereignissen in der DDR, erlebte im Ost-Berliner Kino ›International‹ die erste offizielle deutsch-deutsche Koproduktion ihre Premiere: ›Die Besteigung des Chimborazo‹, ein Spielfilm über Alexander von Humboldt. Die Zuschauer an diesem Tag und in den folgenden Wochen spürten die Ermutigung, die Traum und Aufbruch des jungen Helden ihnen zusprachen. Dieser Umstand und die künstlerische Qualität des Films sollten es rechtfertigen, den Film als Lesestoff in diesem Buche zu bewahren.

Von früher Jugend auf lebte in mir die brennende Begierde, in ferne Länder zu reisen. Dieser Drang ist bezeichnend für einen Zeitraum im Leben, wo dieses vor uns liegt wie ein schrankenloser Horizont, wo nichts größeren Reiz für uns hat als die starken Bewegungen des Gemüts und die Bilder physischer Gefahren . . . Ein unbestimmtes Streben nach dem Fernen und Ungewissen, alles, was meine Phantasie stark rührte, die Gefahr des Meeres, der Wunsch, Abenteuer zu bestehen und aus einer alltäglichen gemeinen Natur mich in eine Wunderwelt zu versetzen, reizte mich damals an. Alles, was auf bürgerliche Verhältnisse Bezug hatte, wurde mir verächtlich, jede Gemächlichkeit des häuslichen Lebens und der feineren Welt ekelte mich an. Ich schrieb verrückte Briefe an meine Freunde und wurde mir selbst von Tag zu Tag unverständlicher.

So beschreibt Alexander von Humboldt rückschauend seinen Jugendtraum, gemacht aus dem gewöhnlichen Stoff der Lebensträume aller jungen Menschen und einzigartig verwirklicht: 1799 brach Humboldt auf in die *Neue Welt*; als er nach fünfjähriger Forschungsarbeit zurückkehrte, rühmte alle Welt ihn als den *zweiten Kolumbus*, als den *wissenschaftlichen Entdecker Amerikas*.

Nicht aus der Faszination dieses Ruhms entstand der Film. Er gilt der Treue des jungen Alexander zu seinem Traum. Seiner Weltneugier, seinem Dürsten nach Freiheit, dem Losringen aus familiärer Enge und aus gesellschaftlichen Fesseln. Seinem Beispiel der vorurteilsfreien Begegnung mit indianischer Kultur und dem fördernden Einfluß, den er ausübte auf das erwachende Nationalbewußtsein der jungen lateinamerikanischen *heroischen Generation*, die, als sie wenig später das Kolonialregime abschüttelte, sich auch auf ihn berief. Der Chimborazo vertritt in diesem filmischen Geschehen mehr als nur die realhistorischen Forschungsziele Humboldts. Er ist Sinnbild der letztendlich unerreichbaren und gleichwohl unabdingbaren Höhe des nacherlebten menschlichen Selbstanspruchs.

Briefe Humboldts sowie Abschnitte aus seinen noch kaum bekannten, weil jüngst erst wieder erreichbaren und lesbar gemachten Reisejournalen gesellen der filmischen Fiktion von Traum und Wirklichkeit die authentische Selbstdarstellung seiner Persönlichkeit hinzu. Ergänzend, brechend, kommentierend kommen auch seine Zeitgenossen zu Wort.

Ein kostbares Zeugnis sind die an den Schluß des Buches gestellten Erinnerungen der ekuadorianischen Indios – besser: der *Indígenas*, denn so, zu deutsch Einheimische, möchten sie lieber genannt werden – an die gemeinsame Arbeit mit ihren weißen Landsleuten vom Verband ekuadorianischer Filmschaffender (ASOCINE) und mit uns Europäern. Wie selbstverständlich verknüpft sich dabei den Indígenas der Stoff des Films mit ihrem gegenwärtigen Leben sowie dem Geschichtswissen und den Mythen ihrer Vorfahren.

Die Chimborazo-Tagebücher Rainer Simons über die Dreharbeiten in den ekuadorianischen Anden machen deutlich, wie unabweisbar die nachgestellte historische Handlung für alle am Film Beteiligten fortwährend umschlug in unmittelbares, gegenwärtig erlebtes Geschehen, das ihnen die von Humboldt postulierte Einheit des zur Freiheit bestimmten Menschengeschlechts zur unverlierbaren Erfahrung werden ließ.

Berlin, 1990 Paul Kanut Schäfer

Paul Kanut Schäfer, Rainer Simon

Die Besteigung des Chimborazo

Literarische Filmerzählung

Erste Sequenz

Tabu und Herausforderung

Am Anfang war die Sonne. Ihrem Feuer entgegen schleudert der Vulkan das glutflüssige Gestein aus dem Innern der Erde. Deren Kugelgestalt wird erkennbar an den gekrümmten Horizontlinien der Ozeane und der Wolkenmeere: Feuer, Erde, Wasser, Luft – von alters her Inbegriff der ewig schaffenden Naturgewalten des Kosmos.

Mit einer schlichten, sich wiederholenden, vom Wind zerfetzten indianischen Flötenmelodie dringen weit entfernte Geräusche von Mensch und Tier ans Ohr: Eine Silhouette nur an der Scheidelinie zwischen Himmel und Erde, so sieht man für einen Augenblick die Karawane Humboldts, wie Sie auf dem Kamm der ekuadorianischen Anden beschwerlich ihres Weges zieht.

Dann endlich, wie ein Schlag ins Gesicht, der erste Anblick des Chimborazo. Nicht Mensch und Tier mehr, auch nicht ihre Geräusche. Nur er, der gletscherhäuptige Riese. 6267 Meter hoch. Majestätisch, unerschütterlich, unbezwingbar. Ein von der Natur aufgetürmtes Tabu. Die Herausforderung.

Zweite Sequenz

Der Chimborazo ruft

1

Hazienda im Tale Los Chillos nahe Quito (1802). – Es ist tiefe Nacht. Humboldt steht auf dem Dach des Hauptgebäudes und beobachtet, am ragenden Kreuz der Haziendakirche vorbei, den sternenbesäten äquatorialen Himmel. Das Auge am Okular des Fernrohrs, schreibt er astronomische Daten ins Arbeitsheft, setzt Punkte, zieht Linien . . .

Unten im Hof sitzen leise schwatzende Indios um ein Häufchen glimmender Asche und blicken fragenden Auges hinauf zu dem fremden weißen Mann am Fernrohr. Schlafende Rinder liegen wie schwarze Klumpen, fast unbeweglich stehen Maultiere und Pferde. Jedes Detail vertieft den Eindruck nächtlichen Friedens.

Alarmierendes, durch Mark und Bein dringendes Dröhnen von Eisen auf Eisen zerschlägt die Stille. Humboldt! Er läuft, schon gestiefelt und gespornt, durch den einzig von Mond- und Sternenlicht erhellten Terrassenunterbau und reißt Mensch und Tier aus dem Schlaf.

›Aufstehen, compañeros! El Chimborazo ruft!‹

2

In der Küche mit ihrer uralt hergebrachten Einrichtung hantieren die indianischen Mägde. Auf dem Fußboden hockt ein kleines Mädchen, das im Tuch auf dem Rücken ein noch kleineres Geschwisterkind trägt. Ernst und aufmerksam sieht sie dem jungen weißhäutigen Mann zu, der den nackten Oberkörper über einen Zuber beugt und sich unter dem dünnen Wasserstrahl wäscht, den eine Magd aus einer großen Kruke in seinen Nacken rinnen läßt. Das ist Aimé Bonpland, Humboldts französischer Gefährte, ein glänzender praktischer Botaniker und geschickter vergleichender Anatom.

Humboldt, auf seinem Weckgang in die Küche gekommen, nimmt der Magd die Kruke aus den Händen und schüttet Bonpland den ganzen eiskalten Schwall auf einmal über den Kopf.

›Merci!‹ Bonpland fährt prustend hoch und lächelt süßsauer. ›Willst du mir Mut für den Chimborazo machen?‹

›Hast du Angst vor ihm, Bürger Bonpland?‹

›Du?‹ fragt der kleine Franzose zurück. ›Weißt du noch? Vor drei Jahren, auf Teneriffa, da haben wir uns im Krater des Pik die Ärsche versengt. Am Chimborazo werden wir sie uns erfrieren!‹

Humboldt, schon wieder im Hinausgehen, greift sich aus einem Korb eine Chirimoya. Er wiegt die schuppige Frucht nachdenklich in der Hand.

›Doch‹, sagt er, ›ja. Es ist vielleicht ganz gut, ein bißchen Angst vor ihm zu haben.‹

3

Vorsichtig öffnet Humboldt die Tür zu einem reich und katholisch ausgestatteten Schlafkabinett. Er tritt an das Bett und beobachtet den tiefen, gesunden Schlaf eines prachtvoll lockenköpfigen, sehr jungen Mannes, dessen Gesicht fast mädchenhaft zart gebildet und gleichwohl männlich kühn gezeichnet ist. Der Prototypus des kreolischen Aristokraten. Für einen Moment sieht es aus, als wolle Humboldt ihn aus dem Schlaf rütteln, doch dann zieht seine Hand sich wieder zurück.

›Carlos‹, ruft er leise. ›Carlos Montúfar!‹

Er bringt es nicht fertig, den schönen Jüngling zu wecken, der weder auf das Pferdewiehern und den heiseren Maultierschrei draußen reagiert noch auf die anschwellende Aufbruchgeschäftigkeit im Innern des Hauses. Er läuft unschlüssig durchs Zimmer, bricht die Chirimoya auseinander und schlürft eine Hälfte des Breiapfels aus. Als er sich wieder umwendet, den schlafenden Carlos zu betrachten, blickt er in dessen geöffnete Augen.

›Es increible, unglaublich!‹ Er wirft Carlos die andere Fruchthälfte zu, lehnt sich übers Fußende des Bettes und lächelt. ›Wir brechen auf zum höchsten Punkt der Erde, und du kannst schlafen wie ein bebé.‹

Carlos saugt das weiße Fruchtfleisch aus.

›Wirst du *mir* erlauben, seine Höhe zu messen?‹

›Por favor. Bitte, du hast es von mir gelernt. Was macht's schon, du oder ich.‹

›Alejandro!‹ Carlos richtet sich jäh und fordernd auf. ›El Chimborazo ist *unser* Berg, das Wahrzeichen unserer amerikanischen Heimat!‹

›Vamos, na, komm.‹ Humboldt nickt begütigend. ›Steh auf, wasch dich, zieh dich an. Tuyo, mio, nuestro – wir werden ihn zusammen vermessen.‹

›Yo solo! Ich allein!‹

4

Der Morgen graut.

Im Vorhof der Hazienda werden die Pferde gesattelt, den Maultieren die Kisten und Geräte aufgepackt, die Vorräte, Schlafmatten, die zusammengeschnürten riesigen Bananenblätter zum Decken der Zeltgestelle aus Lianenschnüren ... Einem Indio rutscht die Kiste aus den Händen, sie poltert zu Boden. Sofort ist der mestizische Aufseher da und zieht ihm die Peitsche über den Rücken. Humboldt, aufgetaucht wie aus dem Nichts, fällt ihm in den Arm. Er muß in dieser Stunde vor dem Aufbruch überall zugleich sein und eilt schon wieder davon.

›Cuidado!‹ ruft er dem Unglücksraben zu. ›Gib acht!‹

Die Indios haben sein Eingreifen registriert, in ihren so fremden Gesichtern steht tiefes Nachdenken. Und Pacho, der halbwüchsige Junge, der auf dem Rücken das große Lederfutteral mit Humboldts kostbarem Barometer trägt, blickt ihm lange nach.

5

Gleißendes Morgenlicht erfüllt den Speisesalon und funkelt im Geschirr der langen, kostbar und üppig gedeckten Frühstückstafel. Zu deren Seiten stehen mit feierlich erhobenen Gläsern der Hausherr Juan Pío Montúfar y Fraso Larrea Marqués de Selva-Alegre, die Marquesa, ihr Sohn Carlos, die bildschönen Töchter, die kein Auge von Humboldt lassen, der leise mit Bonpland spricht, sowie die kreolische Aristokratie der Nachbarschaft.

›Honorable Barón de Humboldt!‹ hebt der Marqués an. ›Señor Bonpland!‹ Er hat Mühe, die Rührung des Abschieds zu verbergen.

›Im Sommer 1799‹, so fährt er in seiner Abschiedsrede endlich fort, ›betraten Sie an der Küste Venezuelas zum ersten Mal amerikanischen Boden. Nach drei Jahren unvorstellbarer Strapazen und Lebensgefahren auf den Strömen, in den Urwäldern und im steinernen Wahn der Hochgebirge klopften Sie in Quito an unsere Tür, und wir waren glücklich, Sie für einige Zeit mit allen Bequemlichkeiten entschädigen zu dürfen. Unsere Jugend blickt bewundernd zu Ihnen auf. Unser Sohn Carlos brennt darauf, Sie auf Ihrem ferneren wissenschaftlichen Siegeszug zu begleiten und sich, von Ihnen belehrt, des natürlichen Reichtums und der Entwicklungsmöglichkeiten Südamerikas bewußt zu werden.‹

›Nosotros rezaremos‹, unterbricht die Marquesa ihren Mann, ›wir beten für ihn und für Sie zu unserer Schutzheiligen, der Lilie von Quito. Buen viaje! Gute Reise!‹

Das letzte Wort hat der Marqués:

›Es lebe unsere amerikanische Heimat!‹

Lange flehen die Marquesa und ihre schönen Töchter in der Haziendakirche hinauf zum Bild der Lilie von Quito, ehe sie sich hinausgesellen zu den Zurückbleibenden, die der Karawane nachwinken, und wo die Luft erfüllt ist vom fröhlichen Quichua-Singsang der Indígenas, ihrem die Tiere antreibenden unermüdlichen Tac-tac-tac...

Nachdem wir zwei Monate hindurch Tag und Nacht von Regengüssen durchnäßt worden waren und bei der Stadt Ibarra beinahe ertranken, da plötzlich bei einem Erdbeben das Wasser stieg, langten wir am 6. Januar 1802 zu Quito an, wo der Marqués de Selva-Alegre die Güte hatte, uns ein vortreffliches Haus einzurichten, das nach so vielen Beschwerden uns alle Gemächlichkeiten darbot, die man nur in Paris und London verlangen könnte. (Humboldt, Brief an den Bruder)

Bei Tisch verweilte Humboldt nie länger, als notwendig war, den Damen Artigkeiten zu sagen und seinen Appetit zu stillen. Dann war er immer wieder draußen, schaute jeden Stein an und sammelte Kräuter. Bei Nacht, wenn wir längst schliefen, guckte er sich die Sterne an. Wir Mädchen konnten all das noch viel weniger begreifen als der Marqués, mein Vater. (Rosa Montúfar)

Auf dem Landsitz des Marqués de Selva-Alegre vollendete ich die Karten von Orinoko und Río Negro; ich berechnete meine astronomischen Beobachtungen von Bogotá; ich lehrte die Söhne des Marqués, Pläne aufzunehmen, militärische Positionen zu zeichnen; ich arbeitete dort über Elektrizität, vermaß sehr sorgfältig den Pichincha. Aber ich wartete vergeblich auf die Verfinsterung der Jupitersatelliten . . . Am 9. Juni 1802 nahmen wir Abschied von Quito. Die letzten Stunden waren sehr traurig. Wir hatten viele Freunde gewonnen. Seit dem Vorabend schwamm alles in Tränen. Don Carlos Montúfar, zweiter Sohn des Marqués de Selva-Alegre, dessen Familie uns mit beispielloser Großzügigkeit bewirtet hatte, wurde in unsere Expedition aufgenommen, um mit uns bis nach Europa zu reisen. (Humboldt, Reisetagebücher)

Dritte Sequenz

Der Lufttänzer Blanchard – der Aussteiger Humboldt

1

Berlin 1788. – Im berühmten Salon der berühmten jüdischen Schönheit Henriette Herz ist versammelt, was zum repräsentativen Querschnitt der Stamm- und Laufkundschaft gehört: Gelehrte, Diplomaten, Kaufleute, Literaten, Juden, Christen, auch preußische Uniformen . . . Unerklärlich leblose Starre und eine von außerhalb ins Bild wehende sanfte Harfenmusik verfremden einander zu einem Gemisch aus spätem ›Aufkläricht‹ und früher Romantik. Man gibt sich frei unter dem bedrückenden Wissen, es nicht wirklich zu sein. Man ist kühn im Detail, weil das Ganze der preußischen Gesellschaftsverfassung Kühnheit nicht erlaubt. Die Gesprächsfetzen stehen unverbindlich im Raum:

– Wie redet man überhaupt mit orthodoxen Jüdinnen . . .

– Wer Madame Herz nicht kennt, kennt Berlin nicht . . .

– Französisch, italienisch, spanisch, malayisch, sanskrit, oder Sie liegen ihrer Schönheit einfach zu Füßen . . .

– In Preußen dürfen Sie nicht einmal auf die Strumpfbänder Ihrer Geliebten eine Zeile drucken lassen ohne Zensur . . .

– Aufgeklärten Geist finden Sie bei der Obrigkeit in Frankfurt am Main so wenig als in Frankfurt an der Oder . . .

– Stimmt es, man sagt, das Verbot des Alten Fritz, im Ausland zu studieren, soll erneuert werden?

Dr. Herz verschafft sich Gehör. Er stellt Monsieur Blanchard vor. Dessen Experimente, so sagt er, verleihen den wissenschaftlichen Entdeckungen Cavendishs, Priestleys und Lavoisiers eine praktische Bedeutung, die schon ins nahe 19. Jahrhundert reicht. Kürzlich habe er Berlin den erstmaligen Anblick eines freien Ballonflugs beschert, und nun werde er das Abenteuer noch einmal im Kleinen mit einer Tierblase demonstrieren.

Henriette Herz, Jugendbildnis als 13jährige Verlobte. Gemälde von Anna Dorothea Therbusch.

Montag, den 29. Sept. – Vorgestern war ganz Berlin auf den Beinen. Blanchard steigen zu sehen verdiente wirklich die 2 Rth., die es mich kostete. Der Anblick einer so großen, 26 Fuß breiten Maschine, eines Mannes, der durch seine übermenschliche Kühnheit es wagte, über den

Ozean zu gehen, der majestätische Gang des Balls und am meisten der Gedanke an die Fortschritte der menschlichen Kultur, die nun schon das 3te Element sich unterwarf, alles dies macht einen großen, herzerhebenden Eindruck. Den Ball konnte man über eine halbe Stunde schweben sehen. Er fiel hinter französisch Buchholz nieder. Der Fallschirm mit den Hunden tat herrlichen Effekt. Er soll 16 Minuten gefallen sein. Doch das wird wohl alles in die Zeitungen kommen. Blanchard selbst ist gar nicht so arg, als man ihn macht. Ich habe mit ihm bei Herzens gegessen. Prahlen tut er wenig, und von der Physik hat er, wie mich Herz versichert, gar keine üblen Kenntnisse. Eitel ist er freilich. Aber wer wäre es nicht in seiner Stelle geworden! Daß er spielt, 3 Frauen hat pp sind glatte Lügen, die man aber überall in Berlin glaubt. Madame Blanchard ist eine feine, recht anständige Frau, die ich genau genug kenne. Ihr Mann ist mehr denn zuviel beschenkt worden, vom König an bis auf den kleinsten unserer Prinzen. (Humboldt, Jugendbriefe)

Wer die Entdeckung der Luftballone miterlebt hat, wird ein Zeugnis geben, welche Weltbewegung daraus entstand, welcher Anteil die Luftschiffer begleitete, welche Sehnsucht in so viel tausend Gemütern hervor-

Der französische Ballonflieger Jean Pierre François Blanchard (1753–1809)

drang, an solchen längst vorausgesetzten, vorausgesagten, immer geglaubten und immer unglaublich gefahrvollen Wanderungen teilzunehmen, wie frisch und umständlich jeder einzelne glückliche Versuch die Zeitungen füllte, zu Tagesheften und Kupfern Anlaß gab, welchen zarten Anteil man an den unglücklichen Opfern solcher Versuche genommen. (Goethe, Tagebuch)

In Deutschland, glaube ich, war ich der erste, dem das Experiment mit der Blase im Kleinen gelang ... Im September vergangenen Jahres war Goethe hier, und da hatte ich schon einen Kubus von 5/4 Ellen in Arbeit. Der gute Mann half mir noch füllen, allein die Übereilung machte den Versuch mißlingen. (Samuel Thomas Sömmering, Briefe)

Buchholtz peinigt vergebens die Lüfte: die Kugeln wollen nicht steigen. Eine hat sich einmal gleichsam aus Bosheit bis an die Decke gehoben, und nun nicht wieder. Ich habe nun selbst in meinem Herzen beschlossen, stille anzugehen, und hoffe, auf die Montgolfiers Art eine ungeheure Kugel gewiß in die Lüfte zu jagen. (Goethe, Briefe)

Heute abend hat der Weimarer Herzog in seiner Frau Mutter Hause zum ersten Mal cum successu einen kleinen Luftball aus Ochsenblasen steigen lassen. Er flog bis an die Decke und versuchte, sich durchzubohren; weil's aber nicht anging, zeigte man ihm endlich den Weg zur Tür hinaus; er flog eine Treppe hinauf und stieg bis in die Mansarde. (Christoph Martin Wieland, Briefe)

Wie groß und wie kindisch zugleich war mein zwischen Freude und Furcht schwebendes Erschrecken, als mein Mann nicht lange, nachdem wir verheiratet waren, mir in Oliva einen Besuch zuführte, dessen gefeierter Name damals auf allen Zungen schwebte – den Luftschiffer Blanchard! Ich traute weder meinen Augen noch Ohren, verlor Sprache und Atem über die seltene Erscheinung; doch muß ich nur redlich gestehen, daß eine schwer zu unterdrückende Neigung zum lauten Auflachen mich überfiel, als ich sie mir näher betrachtete. Wenn jemals die Natur ein Geschöpf für den künftigen Beruf desselben auf das vollkommenste ausstattete, so war es dieser berühmte Aeronaut! Ein Männchen, als wäre es aus Tragant geknetet oder aus Elfenbein gedrechselt, so zierlich, so durchsichtig zart, so ganz wie zum Wegblasen leicht! Ein mächtiger, Tod und Gefahr verachtender, zum glühendsten Enthusiasmus sich erhebender Geist wohnte indessen in dieser anscheinend so zerbrechlichen Gestalt. Alles Lächerliche, das ihm in den Pariser Salons angeflogen war und das aus Ungewohnheit uns noch lächerlicher erschien, fiel von dem kühnen

Aeronauten ab, sobald er in Worten, die ihm nie genügen konnten, ausdrücken wollte, was er, hoch über den höchsten Gebirgen im Unermeßlichen schwebend, gesehen, gehört, gedacht und empfunden.
(Johanna Schopenhauer, Jugenderinnerungen)

2

Der kleine, charmant radebrechende Franzose weiß sich – von Madame mit der Attitüde der Artistenhelferin unterstützt – auch im Salon Herz geschickt zu vermarkten.

›'err Docteur 'erz! Madame 'erz! Ich sagen merci beaucoup für die ehrenhafte Einladung.‹ Er verneigt sich. ›Messieurs-dames! Sie sehen 'ier die Specialrevueplace in die jardin zoologique . . .‹

Er verneigt sich abermals. Seine Frau stolziert um einen kleinen Tisch und berührt mit dem Zeigestöckchen ein darauf errichtetes Serviettenzelt. Blanchard legt die Hand aufs Herz und verneigt sich diesmal sehr tief:

›Es kommen die König und der Königin.‹

Ein einzelner Pfiff gellt durch den Salon. Blanchard weiß das nicht recht zu deuten. Henriette Herz und Alexander, die sich bei erhobenen Händen halten, als wollten sie ein Menuette à la Reine zu tanzen beginnen, lächeln sich beziehungsvoll an. Blanchard nützt dieses Lächeln, sich galant aus der Affäre zu ziehen.

›Madame – wollen Sie sein für einen Moment der Königin? Und Sie, jünger 'err, die König?‹

Alexanders ironisches Gesicht spricht Bände, auch nicht für einen Moment möchte er König sein. Blanchard tritt bedauernd zurück an den Tisch.

›Ich sagen: Sire – voilà!‹

Er lüftet schwungvoll das Serviettenzelt, und es schwebt empor unter viel Ah! und Oh! das Objekt der Begierde: eine Tierblase, gefüllt mit Wasserstoffgas und mit einem bunten, lustigen Röckchen verziert, eine sogenannte Charlière en miniature.

›Mon ascension la plus glorieuse!‹ verkündet Blanchard. ›Von die fünftausendsieben'undertvierundsechzig Füß über die Erde 'abe ich die ganze Berlin gesehen!‹

Er genießt sichtlich den Beifall und schraubt, kaum ist dieser abgeebbt, seine Stimme um eine dramatische Oktave höher.

›Aber dann! Was dann! Keine Wind mehr in mon hauteur! Totalement still!‹

Ins pflichterschrockene Schweigen des Publikums sagt jemand sehr trocken:

›Die preußische Windstille stinkt schon zum Himmel.‹

Und wieder ein gellender Pfiff. Alexander hebt sich auf die Zehenspitzen und blickt vergnügt herum, wer das war.

›Müsjöh?‹ meldet sich eine grelle Frauenstimme zu Wort. ›Haben Sie sich in Ihrer Höhe Gott näher gefühlt?‹

›Ich 'aben keine 'ypothèse von die liebe Gott, Madame.‹ Blanchard ist erheitert. ›Ich glauben an die raison von mein baromètre et thermomètre.‹

Bravo! Die Antwort spricht der versammelten Berliner Aufklärung aus dem Herzen. Alexander klatscht demonstrativ in die Hände und wirft auffordernde Blicke um sich her.

›Non, non!‹ Blanchard läuft durchs Publikum und starrt mit gespielter Todesfurcht hinab in die imaginäre Bodenlosigkeit. ›Ich kann nicht mehr zurück auf la terre! Ich fliegen davon! Ich reißen an die Ventil, es ist ruiné!‹

Der Ballon, aus Madame Blanchards Händen entlassen, fährt auf zum Plafond.

›Aber was ich dann sehen!‹ Unnennbares Glück überzieht das kleine Gesicht des maitre. ›Eine Staubwirbel ich sehen, die sich erhebt von die vielen carosses et chevaliers, die jagen mir nach. Und sie hängen sich an die corde von meine Anker und ziehen mit fortune zürück in die irdische Leben!‹

Der Erde wiedergegeben, breitet er die Arme, als wolle er dem Nächstbesten um den Hals fallen, und Madame, von einem jungen Kavalier um die Taille gefaßt und emporgehoben, pflückt triumphierend die kleine Charlière vom Plafond. Alles in allem eine sehr schöne Aufführung mit einem sehr schönen, wenn auch nicht unerwarteten Ausgang.

Doch ihr wirklicher Schluß kommt dann für alle sehr überraschend. Alexander, die Welt vergessend und sich selbst, hat nur Augen für den Luftballon. Er greift nach der Schnur und läuft davon, aus dem Salon, die Treppe hinunter, aus dem Haus, die Straße entlang, läuft und läuft mit dem Spielzeug und läßt es endlich aufsteigen in sein Element, die freien Lüfte, und blickt ihm noch lange sehnsüchtig nach.

3

Landsitz Tegel nahe Berlin (1788). – Im Kabinett der verwitweten Majorin von Humboldt ist eine kleine, halb familiäre, halb nachbarliche Runde versammelt. Alexander stellt mit geschlossenen Augen Langeweile zur Schau, trommelt jedoch mit den Fingern gegen die Wange. Als jemand sehr mutwillig die Melodie eines Kinderliedes pfeift, öffnet er schief ein Auge und überzeugt sich, daß sich damit an der Langeweile nichts ändert. Die Majorin, seine Mutter, legt gemessen und unerschütterlich ihre Patience; Hofmeister Kunth sieht ihr gehorsam zu; Bruder Wilhelm hat sichtlich etwas auf dem Herzen, was wird das schon sein; und das langweiligste von allem ist das Pfänderspiel, mit dem die paar jungen Frauenzimmer, Halbbruder Ferdinand und der dickliche, bäurische Onkel Leben vortäuschen.

Tegel ist eins von den Gütern, die meine Mutter bei Berlin hat. Der Weg ist schrecklich sandig, geht aber durch einen dicken Wald. Tegel ist kein eigentliches Dorf, sondern ein Jagdschloß, von dem großen Kurfürsten gebaut und von meinem Vater ganz umgeschaffen. Es liegt an dem Ufer eines 1 1/2 Meilen langen Sees, der von schön angebauten Inseln durchschnitten ist. Hügel mit Weinreben, die wir hier Berge nennen, große Pflanzungen von ausländischen Hölzern, Wiesen, die das Schloß umgeben und überraschende Aussichten auf die malerischen Ufer des Sees machen diesen Ort allerdings zu dem reizendsten Aufenthalte der hiesigen Gegend.

Nehmen Sie dazu einen hohen Grad der Gemächlichkeit und des Wohllebens, der in unserem Hause herrscht, so werden Sie sich doppelt wundern, wenn ich Ihnen sage, daß eben dieser Ort, so oft ich ihn besuche, wehmütige Empfindungen in mir erregt. Hier in Tegel habe ich den größeren Teil dieses traurigen Lebens zugebracht, unter Leuten, die mich liebten, mir wohlwollten, und mit denen ich mir doch in keiner Empfindung begegnete, in tausendfältigem Zwange, in entbehrender Einsamkeit, in Verhältnissen, wo ich zu steter Verstellung, Aufopferungen p. gezwungen wurde. (Humboldt, Jugendbriefe)

›Mama –!‹ Wilhelm faßt sich endlich ein Herz. ›Ich bitte Sie herzlich, Alexander nicht von mir zu trennen.‹

Vielleicht wird es jetzt spannend? Alexander öffnet auch das andre Auge.

›Was soll das Pfand in meiner Hand bedeuten?‹ Ferdinand, Gensdarmes-Offizier, der die Pfänder, in einem bestickten Fransentuch verborgen, auf seinem Schoße hält, beginnt sie wieder auszuteilen. ›Was soll derjen'ge tun?‹

›Süßsaure Kirschen pflücken!‹

›Dreimal Hand aufs Herz und nicht gelogen!‹

›Auf einem Bein stehen und dabei sein Testament machen!‹

In die kichernden Mädchenstimmen hinein bittet Wilhelm mit flehentlichem Ernst:

›Mama –! Wir haben das Studium zusammen in Frankfurt/Oder begonnen, warum sollten wir es jetzt nicht gemeinsam in Göttingen fortsetzen. Warum wollen Sie ihn erst in einem Jahre nachkommen lassen?‹

Alexander schickt der Mutter, die von ihrer Patience nicht einmal aufsieht, beschwörende Blicke. Mit einer Reflexbewegung fängt er das Pfand, das Ferdinand ihm zuwirft, ein glimmerndes Stück Mineral.

›Was meint Kunth?‹ verlangt die Mutter zu wissen.

Der Hofmeister, wenn er auch die Fingerkuppen sehr diszipliniert aneinandergelegt hält, hat sehr wohl eine eigene Meinung.

›Bleibt Alexander das Jahr noch hier, verliert er das Jahr.‹

Wie wahr! Alexander schöpft Hoffnung, zumal die Mutter einräumt, sie habe bisher niemals Grund gesehen, des Hofmeisters Freiheit in der Erziehung ihrer Söhne einzuschränken. Aber diesmal ist sie nicht gewillt, auf ihn zu hören.

›Mir ist er noch zu jung für ein selbständiges Leben.‹

Alexander, einbeinig hüpfend, hat Mühe, die Balance zu wahren, und rudert mit den Armen. Enttäuscht, mit hellwacher, feindseliger Ironie beginnt er, sein Testament zu machen.

›So verkünde ich denn meinen letzten Willen – dem Ende nahe, ehe ich noch wirklich in der Welt war. Dir, lieber Bruder, vermache ich meinen Kadaver.‹

Die Frauenzimmer sind gruselig angerührt, gleichwohl begeistert, ihre Blicke hängen schwärmerisch an Alexander.

›Ich vermache dir die unerfüllte Sehnsucht meiner Augen nach der Ferne; meiner Ohren nach dem Gesang der Sirenen; meiner Haut nach Tropensonne; meiner Lungen, die außer Berliner Staub noch nichts geatmet haben, nach Höhenluft. Zerlege die Leiche, die ich jetzt schon bin, bevor die Würmer sie zerfressen, zerre mit Skalpell und Pinzette heraus, was in mir zu entdecken mir selber nicht vergönnt war.‹

Kunth verteidigt seinen Zögling. ›Der Schein trügt‹, sagt er, ›Alexander beginnt im Leben durchaus schon eine selbständige Rolle zu spielen.‹

›O ja‹, erwidert die Majorin, ›er mokiert sich höchst selbständig über Gott und die Welt.‹

Alexander schneidet ihr Grimassen. ›Meiner Frau Mama‹, verkündet er der Runde, ›übereigne ich das fabelhafte Fabelwesen, als das ich zweifellos wiedergeboren werde, sei es in Gestalt einer Küchenschabe oder eines Borstenwurms, als die sie mich zu behandeln liebt.‹

›Auf einem Bein stehen!‹ ruft ein nicht eigentlich schönes, doch verführerisch sinnliches Mädchen und wirft sich vor Lachen. ›Auf einem Bein stehen!‹

›Du aber, ma chère cousine‹ – Alexander hopst hinter ihren Stuhl –, ›du sollst die Verwalterin sein aller geheimen Schwüre meines mißhandelten Herzens, all meiner ungelebten Gefühle, dies will ich mit meinem ersten und letzten Kuß besiegeln.‹

Die Kusine rutscht auf dem Stuhl nach vorn, läßt die Arme willenlos hängen, biegt den Kopf weit in den Nacken, schließt in erwartungsvoller Hingabe die Augen und öffnet den Mund. Der Onkel beginnt kollernd zu lachen. Abgestoßen blickt Alexander hinab in die geblähten Nüstern der Kusine, an ihr läßt er aus, was die mütterlichen Worte in ihm anrichten. Er stößt auf das Mädchen hinab, ein ekelhaft lauter Schmatz ist zu hören.

Die Kusine wirft sich augenblicklich nach vorn und beginnt in die Hände zu schluchzen. Die anderen Frauenzimmer sitzen steil wie Kerzen. Die Miene des Onkels wird eisig. Wilhelm sucht ein Mauseloch im Fußboden. Ferdinand springt soldatisch auf, er nimmt die Mädchenhand in seine behaarte Pranke und haucht einen ehrenhaften Kuß darauf. Frau von Humboldts Brauen steigen ein wenig empor, ihre Entscheidung ist nunmehr getroffen:

›Alexander bleibt für ein Jahr noch in Berlin. Seine Bildung soll im gewohnten Gleise fortgesetzt werden und im Verkehr mit den gescheitesten Köpfen. Hat einer Verstand, so ist sein Stand mir gleichgültig. In Maßen soll ihm gestattet sein, allein auszugehen. Im übrigen bestehe ich darauf, daß er in die Fabriken geht und seine Kameralstudien fortsetzt. Eine Liste etwa des Lohns für alle Zeugarten, die in Berlin fabriziert werden, möchte ihm nützlicher sein als ein Herbarium unserer Tegeler Moose und Flechten. Sie zerstören nur die Mauern und Zäune.‹

Alexander hüpft ein- und beidfüßig, wie Kinder Himmel und Hölle spielen, zur Tür. ›Ach ja‹, sagt er leichthin über die Schulter zurück, ›beinahe hätte ich meinen liebsten Hofmeister vergessen. Herrn Kunth vermache ich die Langeweile meiner Kindheit. Und alle Verstellungskünste, die er mich gelehrt hat.‹

4

Alexander hockt in seinem Tegeler Zimmer niedergeschlagen am Tisch. Den Kopf schief auf die Platte gelegt, spielt er mit den Pflanzen und Steinen, die er sammelt, und horcht in sich hinein. Es wird an die

Tür geklopft, er reagiert nicht. Und als geöffnet wird, fragt er den Eintretenden hart:

›Was willst du?‹

›In einem Jahr kommst du nach‹, versucht Wilhelm zu trösten. ›Was ist schon ein Jahr.‹

›Was das ist?‹ Alexander schlägt bei jedem Wort das Kinn auf, als wäre der Tisch sein Richtblock. ›Das ist ein Jahr meines Lebens!‹ Er wirft sich aufs Bett. ›Wenn Preußen das sklavischste Land Europas ist, dann ist dieses Haus das sklavischste in Preußen!‹

›Du bist ungerecht.‹

›Ich *will* ungerecht sein! Wenigstens in meinen vier Wänden. Man lehrt mich den Pachtanschlag einer Schnapsbrennerei, einer Teerhütte, einer Grützmühle, wie man Raupen und Maikäfer vertreibt! Die Weltregierungskunst der Kameralwissenschaft!‹

Hinter Wilhelm ist noch ein anderer junger Mann ins Zimmer getreten. Auch er will trösten und bietet Alexander eine botanische Kostbarkeit an.

›Ein Reishalm aus Japan. Möchtest du ihn?‹

›Ach Willdenow‹ – der Jammer bricht aus Alexander hervor –, ›einzig mir verwandte Seele . . .‹

Eben komme ich von einem einsamen Spaziergange aus dem Tiergarten zurück, wo ich Moose, Flechten und Schwämme suchte. Wie traurig, so allein herumzuwandern! Doch hat auch, von einer anderen Seite betrachtet, dies einsame in der Beschäftigung mit der Natur etwas Anziehendes. So ganz im Genuß der reinsten, unschuldigsten Freude, von tausenden von Geschöpfen umringt, die sich (seliger Gedanke der Leibnizschen Philosophie!) ihres Daseins freuen, das Herz zu dem erhoben, der, wie Petrarca sagt, muove le stelle e loro viaggio torto, e da vita alle erbe, a i musci, alle pietre [die Sterne bewegt und ihre gekrümmte Bahn, und Leben gibt den Kräutern, den Moosen und den Steinen] . . . Mein Freund Willdenow ist noch der einzige, der dieses mit mir empfindet. Solltest Du glauben, daß unter den anderen 145 000 Menschen in Berlin kaum 4 zu zählen sind, die diesen Teil der Naturlehre auch nur zu ihrem Nebenstudium, nur zur

Erholung kultivierten. Und wie viele sollte nicht ihr Beruf darauf leiten, Ärzte und vor allen das elende Kameralisten-Volk. Je mehr die Menschenzahl und mit ihr der Preis der Lebensmittel steigen, je mehr die Völker die Last zerrütteter Finanzen fühlen müssen, desto mehr sollte man darauf sinnen, neue Nahrungsquellen gegen den von allen Seiten einreißenden Mangel zu eröffnen. Wie viele, unübersehbar viele, Kräfte liegen in der Natur ungenutzt, deren Entwicklung tausenden von Menschen Nahrung oder Beschäftigung geben könnte. (Humboldt, Jugendbriefe)

Alexander ist wieder allein. Es ist dunkel geworden. Er steht mit einer Kerze vorm Spiegel, betrachtet sein Gesicht und lange seinen jungen, nackten Körper. Schließlich sagt er, und man weiß nicht, ob es Frage ist oder Bekenntnis:

›Das bin ich, Alexander Humboldt . . .‹

Schloß Tegel. Kupferstich von Peter Schenk.

Vierte Sequenz

Bergauf, bergab

Provinz Chimborazo, 1802. – Humboldts Karawane hat den Paß eines Andenzuges überschritten und zieht geradewegs die steile Berglehne hinunter ins Tal. Voran, zu Pferde, er selbst, Bonpland, Carlos Montúfar und zwei Freunde des letzteren, die ihm Geleit geben wollen, soweit sie sich den Strapazen gewachsen fühlen.

Auf einem felsigen Vorsprung hoch über dem Tal, hart am Rande des Abgrunds, hocken reglos zwei indianische Gestalten. Sie verfolgen aufmerksam das halsbrecherische Wagnis ihrer Brüder und der Fremden, deren Fallen, Stürzen und Gleiten. Wer ihren Augen folgt, bangt mit ihnen und atmet mit ihnen auf, als die Karawane endlich im Grunde angelangt ist und sich längs eines Baches dem nächsten Aufstieg entgegenschlängelt.

Fünfte Sequenz

Alexander sieht zum ersten Mal das Meer

Er macht aus dem Traum einen Plan

1

Auf dem Rhein, 1790. – Der Frühjahrshimmel ist grau in grau, es regnet, die Nebel ziehen übers Wasser und lassen von den Regimentern noch unbelaubter Rebstöcke auf den Uferhängen nichts sehen. Alexander steht verfroren, vermummt, klatschnaß an der Reling einer Barke.

›Forster!‹ schreit er. ›Erzählen Sie von der Südsee, von Tahiti, von der schönen Imiroa! Damit uns warm wird!‹

Georg Forster sitzt auf einer Taurolle, unter einer aufgespannten Plache, gebeugt über eine auf den Knien entfaltete Karte. Er geht auf Alexanders Hilferuf nicht ein und redet über ihre Reiseroute, die er sich jetzt etwa so denkt:

›Koblenz, Köln, Düsseldorf, Aachen, Brabant, Flandern, Holland, dies alles wie geplant. Aber dann gleich hinüber nach England. Frankreich erst auf dem Rückweg. So könnten wir knapp vor dem ersten Jahrestag der Revolution in Paris sein und wenn schon die Feierlichkeiten nicht selbst – ich *muß* Anfang Juli zurück sein –, doch wenigstens die Vorbereitungen erleben. Was sagen Sie dazu?‹

›Tahiti!‹ fordert Alexander. ›Imiroa!‹ verlangt er.

Er spielt! Er streut aus dem Basaltsplitt der Schiffsladung zwei große Kreise aufs Deck, die platten Halbkugeln der Erde, legt die Umrisse der

Kontinente darin an und sieht mit jugendlicher Neugier zu, wie der Regen seine Erdkreise zu Gebilden einer phantastischen Welt zerschwemmt und allmählich von den Planken spült. Er setzt sich zu Forster unter die Plache.

›Als Sie mit James Cook um die Welt segelten, wie alt waren Sie da – siebzehn, achtzehn?‹ Er seufzt. ›Ich bin zwanzig, ein alter Mann, und mache meine erste bescheidene Reise ... Wie hat Imiroa Sie gerufen? Teori? Ich gäbe mein Leben darum, Alexander einmal auf tahitisch zu hören.‹

Wie von Zauberworten berührt, hebt Forster das Gesicht. Es ist nicht schön: von Blatternarben entstellt; das Weiß der Augäpfel durch Skorbut verfärbt; das Lächeln enthüllt verdorbene Zähne. Aber das Leuchten der Erinnerung macht deutlich, welch großer Verschönerung durch Geist und Empfindung dieses Gesicht fähig ist. Den ziellosen Blick in die nässeschweren Nebelschwaden gerichtet, redet er von Tahiti.

›Der blaue Bogen über mir, die helleuchtende Sonne und Berg und Flur und Fels und Wald, Pflanzen und Tiere, alles ist unzertrennlich in allem ... Tahiti, Alexander, das Leben fließt dort verborgen wie klare Bäche durch Blumen. Keine Zeile, die ich darüber geschrieben habe, kann ausdrücken, was in meiner Seele vorging. Kein Wort kann die Anschauung ersetzen.‹

Forsters Züge verschließen sich wieder, er wirkt bedrückt, zerquält, und der Ton, in dem er spricht, enthält noch weniger Hoffnung, als in den Worten liegt.

›Wissen Sie, wie ich unsere Reise nenne? Meine Überlebensreise. Mein Kopf ist leer, ich habe der Welt nichts mehr zu sagen. Ich sterbe ab, meinen Freunden, mir selbst.‹

Er klappt das Medaillon auf, das er auf der Brust trägt; es birgt das Bildchen seiner Frau, und er spricht wie in seinen Briefanfängen zu ihr.

›Innigstgeliebte Therese! Einziggute! Teuerstes Wesen!‹ Und nach einer Pause fast beschwörend zu Alexander, der mit diesen Gemütswechseln gar nichts anzufangen weiß: ›Üben Sie, Alexander. Üben Sie, mit sich allein glücklich zu werden.‹

2

Forster und Alexander haben das Meer erreicht und blicken von einem Sandwall in eine weite, weiße, von Inseln harter Gräser besetzte Dünenlandschaft. Das Meer, von dem noch nichts zu sehen ist, rauscht in öder, aufdringlicher Gleichmäßigkeit. Alexander lauscht dem Naturlaut, den er, offensichtlich, zum ersten Mal vernimmt. Dann läuft, rennt er los in weiten Sätzen, hinab ins Dünental, den nächsten Wall hinauf, verschwindet, taucht wieder auf – bis es endlich vor ihm liegt: Das Meer!

›Wie viele, die es ihr Leben lang nicht zu sehen bekommen‹, sagt hinter ihm Forster. ›Vergessen Sie es nie, wir sind Privilegierte.‹

Alexander springt vor einer aufschlagenden Brandungswelle zurück und wagt sich wieder vor, zwei, drei Mal. Die Sonne bricht schräg durch, der Himmel zerfällt in dramatisch formiertes Gewölk, das Wasser spielt in allen Farben, die Brandung leuchtet. Alexander geht, obwohl er beschuht und bestrumpft ist, Schritt für Schritt in das anrollende Wasser, die Hände seitlich erhoben wie ein Seiltänzer. Sehr neugierig, sehr entschlossen. Er läuft dem mit der Ebbe zurückweichenden Meer nach, als möchte er etwas endlich Gefundenes um nichts wieder preisgeben.

3

Es wird Abend. Ein kleines Feuer knistert in den Dünen. Alexander trocknet die Schuhe und Strümpfe, betrachtet mit großer Faszination die im Watt gesammelten Schätze, Muscheln, Seesterne, Meernesseln, Tang, kleine Krebse, Steine, Seemäuse; er ist glücklich.

›Erzählen Sie endlich von Imiroa‹, bittet er sanft.

›Ja, beneiden Sie den Weltumsegler‹, erwidert Forster sarkastisch, fast böse. ›Lassen Sie sich wärmen von seinen Geschichten über Tahiti, Imiroa. Ich friere.‹

Alexander schaut zwar kurz auf, spürt jedoch, in seiner eigenen Stimmung gefangen, diejenige des Reisegefährten nicht.

›Seit ich diesem Element da wieder entstiegen bin nach der Weltfahrt mit Cook‹, sagt Forster melancholisch, ›friere ich.‹ Auch er ist allein und hat vergessen, daß er einen Zuhörer hat. ›Ich ersticke im Bücherstaub von Mainz, während mir das Freiheitsbrausen der Französischen Revolution in den Ohren klingt, daß ich . . .‹

Er bricht ab, er nestelt das Medaillon wieder aus Rock und Hemd und vertieft sich in das Bild.

›Warum sind wir Menschen nur so abhängig von Gefühlen? Von Trieben, die sich aller Vernunftherrschaft entziehen. Und die selbst dann, wenn man glaubt, sie zu beherrschen, sich unersättlich rächen, indem sie unsere innere Harmonie zerstören. Es ist grausam, daß ich so wenig in mir selbst finde, um glücklich zu werden.‹

Was soll Alexander dazu sagen. Sein Gesicht verrät eher Distanz als Mitgefühl.

›Teori! Denken Sie an Imiroa!‹

Johann Georg Forster (1754–1794). Gemälde von Johann Heinrich Wilhelm Tischbein.

›Ich habe oft darüber nachgedacht, ob es nicht richtiger gewesen wäre, die Eingeborenen das Fürchten zu lehren. Denn der gewöhnliche Kreislauf ist, daß den weißen Forschern die weißen Eroberer folgen.‹

›Wissen Sie, worauf ich gespannt bin?‹ Alexander blickt in einer Mischung aus Respekt und Herausforderung hinaus aufs Wasser. ›Ob ich bei der Überfahrt nach England seekrank werde.‹

Forster: ›Dann *kotzen* Sie eben!‹

Da Forstern die Hoffnung, in England Geld zu gewinnen, nach London trieb, so bot er mir an, ihn zu begleiten. Mit welcher Freude nahm ich teil an dieser Reise. Ohnerachtet sie mich wie jedes nahe Zusammenleben unter Menschen mehr von ihm entfernte, als ihm nahebrachte, so hatte das Zusammenleben mit dem Weltumsegler doch großen Einfluß auf meinen Hang nach der Tropenwelt. Wie sehr erwachte diese Sehnsucht vollends bei dem Anblick des allverbreiteten, beweglichen, länderverbindenden Ozeans, den ich bei Ostende zuerst sah, wie sehr bei der kleinen Überfahrt von Hellevoetsluis nach Dover. Der Zufall wollte, daß ich (ohnerachtet wir in einem elenden Fischerboot und bei stürmischem Wetter schifften) nicht seekrank war. Ich wurde es in der Folge nie, und dieser Umstand machte mir das Element und lange Seereisen minder furchtbar. Unser Aufenthalt in Holland, Spaziergänge, die ich längs der grünen buschigen Dünen am Haager Meeresstrande gemacht, der Anblick der Amsterdamer Schiffswerften füllten meine warme Phantasie mit ersehnten Gestalten ferner Dinge. In einem jungen Gemüte, das 18 Jahre lang im väterlichen Hause gemißhandelt und in einer dürftigen Sandnatur eingezwängt worden ist, glimmt und glüht es wunderbar auf, wenn es, seiner eigenen Freiheit überlassen, auf einmal eine Welt von Dingen in sich aufnimmt. Mein Zimmer in Plumtree-Street war mit den Kupfern eines ostindischen Schiffes ausgeziert, das in einem Sturme unterging. Heiße Tränen strömten mir oft über die Wangen, wenn ich beim Erwachen die Augen auf diese Gegenstände heftete. Ich strebte nach Dingen, die ich damals nie zu erlangen hoffte. Ein Wunsch wie dieser, der mich ewig begleitete, das Streben nach Ländern, in denen wir durch grenzenlose Räume von den Unsrigen getrennt sind, schmeichelt der jugendlichen Eitelkeit wegen der Energie, in der wir uns uns selbst vorstellen, aber es gibt unserm Wesen zugleich eine melancholische Stimmung, in der wir die ›Wonnen der Tränen‹ fühlen. Die Hügel von Highgate und Hampstead waren mein Lieblingsspaziergang in London, an dem Wege las ich Anschlagzettel nach englischer Sitte: ›Junge Leute, welche ihr Glück außerhalb Europas suchen wollen, melden sich dort und dort, als Matrose, Schreiber . . .

finden sie Aufnahme. Das Schiff ist segelfertig nach Bengalen.‹ Mit welchen Empfindungen las ich solche Einladungen. Der Eintritt in ein solches Haus schied mich auf immer (nach englischer Preßsitte) von meiner vaterländischen Welt, einer Rückkehr nach Berlin, die wie nahes Ungewitter wolkendick über mir schwebte. Wie oft schwankte ich in meinen Entschlüssen, war einem tollen Streiche nahe. Ich zeichne die jugendlichen Torheiten sorgfältig auf, weil sie klarmachen, was damals in mir vorging. Ich wäre in die fernste Südsee geschifft, und hätte ich nie einen wissenschaftlichen Zweck erfüllt.

Meine Reise mit Forster in das Gebirge von Derbyshire vermehrte jene melancholische Stimmung. Das Dunkel der Castletoner Höhen verbreitete sich über meine Phantasie. Ich weinte oft, ohne zu wissen warum, und der arme Forster quälte sich zu ergründen, was so dunkel in meiner Seele lag. Mit dieser Stimmung kehrte ich über Paris nach Mainz zurück. Ich hatte entfernte Pläne geschmiedet. (Humboldt, Reisetagebücher)

4

In einer Londoner Hafenkneipe steht Alexander vor dem Schanktisch und kann den Blick nicht lassen von dem naturalistisch gemalten Bild eines Segelschiffes, das in vollem Zeug durchs sturmbewegte Meer schäumt und, wie es aussieht, dem sicheren Untergang geweiht ist. Der Wirt hat genug dieser jungen, nach Ferne und Fremde süchtigen Burschen gesehen, um zu wissen, was in ihnen vorgeht, und nach seiner Erfahrung ist Alkohol das beste Mittel, sie in die Arme der berüchtigten East India Company zu treiben. Wie nebenbei schiebt er Alexander einen Kontrakt samt Federkiel unter die Augen.

Sofort ist auch ein Anreißer der Company zur Stelle, glatzköpfig, als wäre er dem Zuchthaus entsprungen, die Verkörperung von Abenteuerlichkeit, Wagemut und brutaler Lebensgier. Heiß und scharf zischt er Alexander seine Fragen und Verlockungen ins Ohr.

›Deutscher? Hast du einen gekillt? Wie viele Pfund stehen auf deinen Kopf? Hau ab nach Ostindien, da findet dich keiner!‹

Alexanders Atem fliegt und stößt.

›East India! Nimm unser Schiff nach Kalkutta! East India! Da machst du dein Glück!‹

Jeden Augenblick, so scheint es, wird der wilde Herzschlag den eisernen Reif sprengen, den Herkunft und Erziehung um Alexanders Brust gelegt haben. Der Fusel, den der Wirt ins erhobene Glas nachschenkt, verwandelt sich in den Ozean, den der gemalte Vollsegler pflügt. Der Federkiel auf dem Kontrakt rollt hin und her, als krängte der Schanktisch in hochgehender See, und in Alexanders Kopf dröhnt es: East India, and you will get happiness, happiness, happiness –!

Der Federkiel rollt über die Tischkante zu Boden, der hämmernde Herzschlag stockt . . . Dann ist es vorbei, mit langen tiefen Atemzügen ringt Alexander sich aus der Versuchung.

5

Frankreich. –

›Ah! ça ira, ça ira, ça ira,
Les aristocrates à la lanterne . . .‹

Über die geschotterte Landstraße rumpelt eine Kutsche in der Banlieue von Paris. Es ist eng in dem Gefährt. Forster und Alexander sitzen eingequetscht von einer feisten Marktfrau mit einem gewaltigen Korb Kirschen vor den überquellenden Brüsten und einem Gassenjungen, der über die Fremden hinweg von den Kirschen stiehlt und stimmbrüchig, Kerne spuckend, den Revolutionsschlager der Saison plärrt.

›Ah! das geht ran, das geht ran, das geht ran,
Die Aristokraten an die Laterne . . .‹

Die Passagiere sind voller fröhlicher Erwartung auf Paris, wo die Tagelöhner der Vorstädte Arm in Arm mit Priestern, Friseuren, Generalpächtern und Köchen, mit Ludwigsrittern und Freudenmädchen Hacke und Schaufel schwingen, um für den Jahrestag der Revolution das Marsfeld in einen Festplatz zu verwandeln.

›Ah! ça ira, ça ira, ça ira,
Les aristocrates on les pendra . . .‹

Selbst der ernste, zerquälte Forster kann sich der Stimmung nicht entziehen, ein Schimmer Entschlossenheit tritt in sein Gesicht.

›Ah! das geht ran, das geht ran, das geht ran,
Die Aristokraten, hängt sie dran . . .‹

Von der Bäuerin ermuntert, greift Forster in die Kirschen.

›Wer weiß‹, sagt er, ›vielleicht fasse ich eines Tages die Trümmer meines Lebens noch einmal zusammen und stürze mich in den Kampf.‹

Der Junge spuckt und plärrt aus dem Kutschfenster.

›Und wenn sie alle hängen, marsch,
Haut man ihn'n die Schippe vorn Arsch.
Ah! das geht ran, das geht ran, das geht ran . . .‹

Alexander behängt sich die Ohren mit Kirschen.

›Für mich gibt es kein wer weiß und vielleicht‹, erwidert er Forster; nicht mehr verspielt wirkt sein junges Gesicht, er ist nicht mehr länger nur der Aussteiger und aufsässige Träumer. ›Ich schmiede an sehr bestimmten Plänen‹, fährt er fort. ›Ich werde die Bergakademie im sächsischen Freiberg beziehen. Fünf Uhr in der Frühe werde ich meine Lehrhäuerschicht auffahren und vor Mitternacht die Bücher nicht zuklappen. In Monaten werde ich lernen, wozu andere Jahre brauchen. Von der Pike auf. Mit Schlegel und Eisen. Bohren, Schießen, Markscheiden – alles. Mit Kußhand soll mich das preußische Berg- und Hüttendepartement einstellen. So werde ich dem unausweichlichen Willen der Majorin Humboldt, mich im Staatsdienst zu sehen, Genüge tun und mich dennoch vor stupider bürokratischer Fron bewahren. Der Bergbau schreit in allen Wissenschaften nach reißendem Fortschritt. Aus dieser Notwendigkeit mache ich meine Lust und Passion. Meine Freiheit!‹

Die Kutsche rollt unter den Chausseebäumen dahin; unter den Rädern hervor spritzen die Schottersteine und knallen wie Flintenschüsse gegen den Wagenkasten.

›Et quand on les aura tous pendus,
On leur fich'ra la pelle au cul.
Ah! ça ira, ça ira, ça ira . . .‹

6

Märkische Landschaft (1791). – Alexander gräbt Pflanzen aus. Aber er hat kaum genug Kraft, den Spaten einzustechen, erschöpft lehnt er sich auf das Werkzeug. Ihm schwindelt, er muß sich hinsetzen. Willdenow, der unweit im Sand hockt, die Pflanzen säubert und auf Papier breitet, springt herzu und fühlt Alexander die Stirn, den Puls.

›Du hast Fieber!‹

›Unsinn!‹ Alexander wehrt die Freundeshände ab. ›Ich klappere immer mit den Zähnen, sobald ich wieder in Preußen bin.‹

Er sinkt hintenüber, Willdenow öffnet ihm Jacke und Hemd.

›In Paris hättest du mich sehen sollen! Wie ich mit Forster Sand gekarrt habe für den Revolutionstempel auf dem Marsfeld.‹

Er stützt sich mühsam hoch auf den Ellenbogen und sieht Willdenow entgegen, der in der nahen Wassersenke sein Halstuch getränkt und zu einer Kompresse gefaltet hat.

›Das Antlitz der Franzosen im Freiheitstaumel schwebt mir noch immer wie ein Traumgesicht vor der Seele. Sie schmelzen alles um, die Regierungsform, die Religion, die Sitten. Und wir Deutschen, wir staunen und prüfen und wägen ab und werden, wie immer, den entscheidenden Augenblick versäumen.‹

Er legt sich wieder zurück unter dem sanften Druck der Hand, die ihm das feuchte Tuch auf die Stirn legt.

›Gut und schön, Alexander. Aber sieht du nicht die Gefahr, daß die Erschütterung des alten Despotismus nur allzubald einen neuen hervorruft? Sollten *wir* nicht einfach unserer Arbeit dienen und so die Dinge bessern?‹

›Was redest du!‹ Alexander greift in Willdenows Jacke und zieht sich hoch. ›Schon der Versuch einer Revolution hilft menschliche Kräfte zu entwickeln, die das Individuum reicher machen und zu höherer Verstandeskraft bringen. Sagt Forster! Aber hier wagt ja niemand auch nur den Versuch. Als wären die Mißstände und Bedrückungen auf einem zwar hohen Punkt, jedoch längst nicht dem höchsten. Als könnte man es noch aushalten. Sieh mich nicht an, als redete ich irre, ich habe nicht vor, die Steine aus Berlins Pflaster zu reißen.‹

Es gibt ein Aufbrausen unter uns Deutschen, wie jenseits des Rheins. Der Unterschied ist nur der, der französische Enthusiasmus erschüttert den Despotismus, der deutsche läuft dem Lufttänzer Blanchard nach oder läßt sich von einer gelehrten Partei, die sich auf altdeutsche Sitte, Schreien und Schimpfen versteht, fein bei der Nase herumführen. Das Aufbrausen dauert aber nicht lange, die Vernunft kehrt zurück und man schämt sich, doch ja! ohne zu bekennen, man habe unrecht gehabt.
(Humboldt, Jugendbriefe)

Alexander schiebt Willdenow beiseite und kniet sich auf.

›Sobald ich mein Erbteil habe, gehe ich auf und davon in die Welt. Meine Mutter ist unheilbar krank. Und dich will ich an meiner Seite haben.‹

›Soll ich meine Frau im Stich lassen?‹

›Nur zu Hause. Der alte Forster hat Frau und sechs Töchter zu Hause gelassen, als er und sein Sohn mit Cook um die Welt gesegelt sind.‹

›Ich bin aber kein Forster. Nicht der alte noch der junge.‹

›Den seine innigstgeliebte Therese mit irgendeinem Nichtsnutz betrügt! An ihm habe ich studiert, wie elend die Liebe einen machen kann. Die Ehe, der sichere Hafen der Resignation. Guck nicht so verdammt bescheiden!‹

›Warum denunzierst du mich? Meine Verhältnisse *sind* bescheiden.‹

›Nein, du bescheidest dich mit deinen Verhältnissen!‹ ruft Alexander.

›Nicht jeder‹, schreit Willdenow, ›kann leben wie du, so . . . so sich selbst genügend!‹

›Ich hoffe, du beneidest mich darum. Oder bedauerst du mich gar? Du wirst in diesem märkischen Sand verrecken!‹

Karl Ludwig Willdenow (1765–1812). Professor der Naturgeschichte, Botanik und Medizin

Havanna, 21. Februar 1801. – Ungewiß, ob diese Zeilen nicht – wie so manche andere, die ich aus dieser Tropenwelt an Dich gerichtet – verloren gehen, schränke ich mich bloß auf die Bitte ein, die ich zu tun habe. Auf einer Reise um die Welt, zu einer Zeit, wo das Meer von Raubgesindel wimmelt, wo neutrale Pässe so wenig als neutrale Schiffe respektiert werden, beschäftigt mich nichts so ängstlich, als die Rettung meiner Manuskripte und Herbarien. Es ist sehr ungewiß, fast unwahrscheinlich, daß wir beide – Bonpland und ich – lebendig zurückkehren.

Sterbe ich, so wird Delambre meine astronomischen, Freiesleben oder Buch meine geognostischen, Scheerer meine physikalischen und chemischen, Blumenbach meine zoologischen Manuskripte und Du, mein Guter, so hoffe ich, meine botanischen unter Bonplands und meinem Namen edieren. Mein Bruder wird jedem die Manuskripte zukommen lassen.

Ich bleibe meinem alten Versprechen getreu, daß alle, alle, in dieser Reise gesammelten mir gehörigen Pflanzen Dein sind.
(Humboldt, Brief an Willdenow)

Sechste Sequenz

Der Fluß vorm gläsernen Berg

Provinz Chimborazo (1802). – Tief eingeschnitten ins Hochtal schießt der Fluß dahin. Ein kurzer hereinstürzender Regenguß hat die Klippen in der Furt in überschäumte, tosende Katarakte verwandelt. Wie da hinüber?

Humboldt gibt der Karawane das Beispiel und wirft sich als erster in den Fluß. Zwei, drei Indios sichern ihn mit einem Seil gegen die fortreißende Strömung. Aller angespannte Blicke sind auf ihn gerichtet, selbst die Reitpferde verfolgen mit nach hinten gerollten Augen angstvoll das waghalsige Unternehmen.

Carlos Montúfar, hoch zu Roß, die Hand mit dem Fernrohr ausgestreckt in Feldherrnpose, feuert die Karawane an.

›Vorwärts, adelante! Ihm nach!‹

Pacho, Humboldts junger Barometerträger, blickt sich furchtsam nach den Älteren um, als wollte er fragen: Ich auch? Sogar den erfahrenen Maultieren, deren Ohrenspiel alles anzeigt, was in ihrem Inneren vorgeht, und die in Augenblicken der Gefahr jeden Tritt und seine möglichen Folgen förmlich abwägen, scheint endlich nur der Anblick des drüben angekommenen Humboldt den erforderlichen Mut einzuflößen.

Die Furten ändern sich dauernd durch die Gewalt der Strömung. Tag und Nacht fällt Páramo-Regen, und das Schlimmste, nächst dem Fluß selbst, sind die gefährlich bösen Steilufer in dem engen, von vielen Schluchten und herabstürzenden Gießbächen zerrissenen Tal. Man balanciert, man bittet um Rat, und kaum hast du deinen Entschluß gefaßt, mißbilligt ihn jeder. Du änderst ihn also, und nunmehr heißt jeder gut, was er eben noch getadelt hat. Wir führten alle Manuskripte und Zeichnungen mit uns. Es bleibt einem das Herz stehen, wenn man dem Maultier zusieht, das auf seinem schwankenden Rücken die Früchte so vieler Arbeit trägt, wie es inmitten des Flusses stockt, der reißend und tief genug ist, es samt Gepäck zu verschlingen, falls es auf dem furtbildenden Damm fehltritt. Das machten wir in drei Tagen siebenundzwanzigmal durch, ungerechnet die Sturzbäche, deren wir zehnmal mehr durchwateten.
(Humboldt, Reisetagebücher)

Humboldt klettert jenseits des Flusses schon in der steil ragenden, grün überwucherten Felswand und schlägt Gesteinsproben. Bonpland, der es ihm gleichtut, lächelt ihm zu in glücklichem, nie endendem Staunen ob der Wunder so vieler unbekannter Pflanzen, mit denen er über und über sich behängt.

Am Fuße der Wand liegt erschöpft die Karawane. Die zwei Nachbarn der Montúfars, die Carlos noch begleiten, sind nunmehr zur Umkehr nach Quito entschlossen. Der Jüngere beschwört Carlos, ihnen zu folgen.

›Virgen del Carmen! Diese Strapazen wollen Sie weiter auf sich nehmen? Jahrelang? Für ein paar Grashalme und Steinchen, die Sie in Ihr Taschentuch sammeln?‹

›Es wird keine amerikanische Heimat geben, wenn nicht wir selbst sie entdecken‹, erwidert Carlos entschlossen.

›Er hat recht‹, pflichtet der Ältere bei, obwohl ihm die Zähne aufeinanderschlagen und er sich von den Indios sorglich in trocken gebliebene Ponchos hüllen läßt. ›Und warum sollte ein junger Amerikaner nicht Gleiches vermögen wie ein durchreisender Preuße.‹

›Keine amerikanische Heimat‹, wendet der Jüngere schroff ein, ›ehe nicht der letzte spanische Gouverneur verjagt ist! Den Kühnen gehört die Geschichte!‹

›Nur ein wissendes Volk ist kühn‹, beharrt Carlos. ›Haben Sie sich je gefragt, wie Pizarro mit nur zweihundert spanischen Reitern halb Amerika erobern konnte? Weil das Volk nur die gehorsame Maschine der göttergleichen Inkas war. Unterjochte Seelen sind wehrlos, geknechteter Verstand ist leicht zu besiegen.‹

›Bravo, Carlos!‹ freut sich der Ältere. ›Das ist Humboldtscher Geist!‹

›Mein eigener!‹ erwidert Carlos stolz. ›Indem ich von Humboldt lerne, entdecke ich mich selbst.‹

Ich kann die Theokratie der Inkas nicht bewundern. Wehe der Ausbildung des Menschengeschlechts, wenn sein großer Teil so tugendhafte Fürsten, aber zugleich auch solche Vormünder hätte. Ich glaube sehr gern, daß niemand darbte, für jedes Untertanen Kleidung und Nahrung gesorgt war. Aber ist mit dieser Sorge alles erfüllt, was dem Staat obliegt? Das Reich der Inkas war ein Kloster, eine Herrnhuter Kolonie, in der zwar Fleiß aufblüht, der Geist aber, eingezwängt und an zahllose Formeln gewöhnt, weder erstarken noch zu großen Handlungen aufkeimen kann. Der Altperuaner war eine Maschine und nicht mehr. Jedem war sein Platz, seine Beschäftigung angewiesen. Alle Geistesfreiheit war unterdrückt. Welche Polizei-Inquisition! Jedes Zehnt Menschen hatte seinen Aufseher, der Aufseher wieder Aufseher, lauter Ankläger. Alle waren gezwungen, tugendhaft zu sein. Dazu, wie kann der menschliche Geist seinen Adel, seine Würde fühlen, wenn er zur blinden Anbetung so vieler Gottmenschen um sich her gezwungen ist! Alle Inkas waren Gottmenschen und gleich unfehlbar. Dürfen wir uns wundern, daß es so leicht war, dieses Maschinenvolk zu besiegen? Menschen, die nie handelten, weil sie aus freiem Willen dies oder jenes für gut achteten! Man kann es nicht leugnen, die Eroberung Perus wurde am meisten durch den Umstand erleichtert, daß den Einwohnern dieses Landes vom Fürsten bis zum Niedrigsten hinab der Kopf durch religiöse Ideen verrückt war.
(Humboldt, Reisetagebücher)

Siebente Sequenz

Humboldt gründet eine Schule
Selbstversuche und andere Martern

1

Steben im Fichtelgebirge (1793). – Die Häuser des armseligen Ortes sind nur schemenhaft sichtbar im herbstlichen Morgengrauen. Es ist naß und kalt. Ein Göpelpferd, ein plumper Gaul, trabt in schiefer Haltung über den Anger. Das Bild des einsamen Dorfes und der verlassenen Kreatur greift ans Herz.

Am Fenster der Humboldtschen Wohnung steht der blutjunge Leutnant Reinhard von Haeften, halb angekleidet, das noch offene Hemd läßt die breite, kräftige Brust sehen. Er ist sehr schön und in seinem Typus eine sehr deutsche Entsprechung des kreolischen Jungaristokraten Carlos Montúfar.

Humboldt, auch erst in Hemd und Hose, wirft sich in künstlichem Übermut aufs zerwühlte Bett und zieht, indem er abwechselnd die Beine hochwirft, Strümpfe und Stiefel an.

›Leutnant von Haeften, – Sie werden heute einen kleinwinzigen Akt deutschen Jakobinertums erleben!‹ Er stülpt sich Reinhards Offiziersperücke über. ›Während Forster es wahrgemacht hat und in Paris für die Revolution streitet – lächerliche einhundert Dukaten haben die Fürsten auf seinen Kopf gesetzt, den einzigen deutschen überhaupt! –, eröffnet Oberbergmeister von Humboldt die erste freie Bergschule Deutschlands!‹

Der Raum ist vollgestopft mit Büchern, Mineralien, bergmännischem Gerät, getrockneten Pflanzen und ähnelt durch Leidener Flaschen, eine Elektrisiermaschine und Apothekergefäße eher einem physikalisch-chemischen Laboratorium als einem Wohn- und Schlafzimmer.

›Sie befinden sich in Gesellschaft eines Umstürzlers! Fürchten Sie nicht um Ihre Karriere, Leutnant?‹

Haeften greift nach seiner Perücke und will sie sich selbst aufsetzen, doch Alexander verhindert es.

›Warte noch‹, bittet er sanft, und für den Moment verfliegt ihm aller Mutwille, ›laß dich noch zwei Sekunden ohne diesen Firlefanz anschauen.‹

Der hochaufgeschossene Reinhard weicht dem von ernster, inniger Hingebung sprechenden Augenaufschlag des kleineren Alexander aus.

›Deine Schule‹, sagt er hilflos, ›wird bestimmt ein großer Erfolg.‹

›Danke, Reinhard.‹ Alexander reißt sich los. ›Danke, daß du immer an mich glaubst.‹ Er wirft sich den Bergmeisterrock über die Schultern. ›Wer weiß, ob überhaupt ein einziger Schüler sich einfindet.‹ Mit beißendem Sarkasmus zitiert er seine Vorgesetzten: ›Das Volk *will* gar keine Schule! Bergmännisches Wissen macht es aufsässig! Humboldt entzieht die Armeleutekinder der Arbeit und damit dem Broterwerb!‹

Mit der Leidenschaft eines Schmierenkomödianten schlägt er den Hals übers Bettgestell:

›Die Guillotine für Humboldt!‹

Wenn es gleich meine Pflicht gewesen wäre, Einem Hochlöblichen Ober-Bergdepartement der königlich obergebirgischen Kammer jedes bergmännische Unternehmen früher anzuzeigen, als es angefangen wird, so glaube ich doch in dem vorliegenden individuellen Falle durch meine gute Absicht hinlänglich entschuldigt zu sein, den entgegengesetzten Weg eingeschlagen zu haben. Die einfache Erzählung des ganzen Vorgangs wird am ersten zu meiner Rechtfertigung dienen.

Solange ich dem praktischen Bergbau nähergetreten bin, war es immer auffallend, wie wenig von obenherein auch mit dem scheinbar größten Aufwande von Geld und Kräften auf das Ganze gewirkt wird. Der Grund davon ist leicht zu finden. Was können Anordnungen, Befehle fruchten, wenn die Empfänglichkeit bei denen fehlt, die sie empfangen sollen! Es bleibt dann nur ein Ausweg übrig, den die meisten Administratoren wählen, der, die Zahl der Aufseher so zu vermehren, daß es fast so viele Offizianten als Bergleute gibt, daß die Besoldungen den größten Teil der Betriebskosten ausmachen, und daß die ganze Maschine unter der Friktion der vervielfachten Teile unterliegt. Das Mittel selbst wird dann zum Hindernis!

Als ich im September vorigen Jahres nach Befahrung der Gruben nur einige Muße hatte, faßte ich daher den Entschluß (und wenn ich auch selbst den Unterricht hätte geben sollen), schlechterdings für den Winter eine Schule für gemeine Bergleute zu eröffnen. Wem ich meine Ideen mitteilte, riet mir ab. Das Volk habe keine Lernbegierde, hieß es; die Vorurteile schienen eingewurzelt, es sei kein Lehrer zu finden, den die Kinder verständen, u.s.w. Diese Einwendungen schreckten mich nicht ab, bewogen mich vielmehr, sogleich die ganze Einrichtung vorläufig aus meinem Beutel als Privatsache zu betreiben, bis ich Einem Hochlöblichen Ober-Bergdepartement der obergebirgischen Kammer Anzeige von einem guten Fortgange würde machen können.

Einen Lehrer für die Bergschule kommen zu lassen, war aus dreifachen Gründen unratsam: einmal, weil es einen Kostenaufwand machte, der für unsere jetzigen Fonds zu groß war, dann weil jede fremde Mundart den Knaben hier schlechterdings unverständlich ist, und endlich drittens, weil es nicht sowohl auf Rechnen und Schreiben als auf Unterricht in der Gebirgskunde und inländlichen Bergwerksverfassung ankam, die ein Ausländer nicht lokal genug vorträgt. Es blieb also nichts übrig, als sich nach einem Einheimischen umzusehen, der Lebhaftigkeit, Lokalkenntnisse und Lust genug hatte, im Lehren selbst noch zu lernen. Meine Wahl traf den jungen Schichtmeister Georg Heinrich Spörl.

Der Zweck der königlichen Bergschule zu Steben ist zwiefach:

a. das junge Bergvolk in dem Nailaer Revier zu verständigen und brauchbaren Bergleuten auszubilden,

b. ihm von Kindheit an Liebe für unser Metier und bergmännisches Ehrgefühl einzuflößen.

Liebe zum Metier braucht nicht direkt gepredigt zu werden. Man liebt jede Sache, die man aus Gründen kennt, die man mit Wichtigkeit behandelt sieht. (Humboldt, Promemoria)

2

Humboldt sitzt in dem kärglichen kalten Schulraum auf einer Banklehne und liest sich stirnrunzelnd fest in einem der Lehrhefte, die er für die künftigen Bergschüler verfaßt hat. Aber wo bleiben sie? Reinhard von Haeften blickt hinaus ins Dorf und trommelt auf den Fenstersims. Spörl hockt auf seinem Lehrerpult, neben einem drehorgelartigen Schaubergwerk, er sieht unglücklich und verloren aus. Seine Frau steht in der Tür, mit großen ernsten Augen, die Schürze voll Brennholz, und bangt vielleicht von allen am meisten, was nun aus der Schule werden soll, wenn gar niemand kommt.

›Kopf hoch, Spörl‹, sagt Humboldt, ›Sie, der beste Schichtmeister auf dem Gebirge, werden auch der beste Lehrer sein. Und denken Sie daran: Nur hiesige Mundart! Die Kinder müssen jedes Wort verstehen.‹

›Woll, Herr Oberbergmeister.‹

›Was haben Sie dem Buchbinder bezahlt?‹

›Zwei Gulden, zehn Kreuzer.‹

›Ich verstehe nicht, Alexander‹, wendet Haeften ein, ›warum du alle diese Kosten selber tragen willst.‹

›Und 's Lehrergehalt für mein' Spörl‹, sagt die junge Bergmannsfrau ins Ofenloch, vor dem sie jetzt kniet und Scheite nachlegt. ›Dreißig Gulden, viel Geld, ein Simmer Korn, 's Licht und zwei Klafter Holz.‹ Sie bläst auf die Glut, daß die Funken stieben.

›Warum, warum!‹ Humboldt erträgt die Spannung fast nicht mehr, er wirft die Hefte aufs Pult. ›Das Bergdepartement schwört auf immer mehr Beamte, ich schwöre auf Wissen. Ich bestreite die Schule aus meinem Beutel, bis sie durch niemanden mehr vom Wege abgebracht werden kann. Basta!‹

Der Schulraum wird ihm, da noch immer niemand kommt, zum Käfig, er ringt um Fassung und stiefelt hinaus, um draußen der bitteren Enttäuschung Luft zu machen.

Und da draußen stehen sie: etwa ein Dutzend meist kleingewachsener Gebirgsdorfjungen, alle um die zwölf, dicht beisammen, klamm, mit verschüchterten, viel zu ernsten Kindergesichtern.

3

Spörl hat die Plane von dem Schaubergwerk gezogen. Es zeigt einen Schnitt durch den Schacht vom Wald überm Deckgebirge bis hinunter zur Sohle. Er dreht die Kurbel. Die grob geschnitzten, mechanisch bewegten Figuren beginnen, Bäume zu fällen, ein- und auszufahren, mit dem Fäustel zu hämmern, Förderhunte zu schieben, Zimmerung zu behauen ... In des Schichtmeisters Züge, vom harten Leben gezeichnet, stiehlt sich ein Lächeln; Frau Spörl weiß nicht, was sie lieber sieht: dies seltene Lächeln oder die Kinder, so einmalig jedes in seinem aufblühenden Staunen.

Alexander, hinter allen in der Fensterbrüstung lehnend, greift nach Reinhards Hand und preßt sie, daß es diesen schmerzt.

Die Zahl der Bergschüler erstreckt sich gegenwärtig bereits auf etliche vierzig. Sie haben sich durch freiwillige Subskription dazu gemeldet, gewissermaßen dazu gedrängt. Ich habe bisher absichtlich allen Zwang vermieden, um die Sache nicht gehässig zu machen.

Das verschiedene Alter und die verschiedenen Fähigkeiten der Bergjungen und Knechte haben Abteilungen in zwei Klassen notwendig gemacht. Der Unterricht für die Kleineren ist von 1 – 4 Uhr, für die Größeren von 6 – 9. Die Lernbegierde der letzteren und der gute Wille des Lehrers ist bisher so groß gewesen, daß ich die Schule schon bis 11 Uhr nachts habe fortsetzen lassen, ohne irgendein Mißvergnügen zu bemerken.

Die Bergschule wird in dem sehr geräumigen, lichten Zimmer des Georg Heinrich Spörl gehalten. Ich habe Bänke wie in den Göttinger Auditorien vorrichten lassen, wo der Rücken der einen am Pult der anderen ist. Zwischen zwei und zwei Knaben steckt immer ein Licht.

Da es schlechterdings kein Lehrbuch gibt, welches für gemeine Bergjungen faßlich genug wäre, um daraus zu unterrichten, so habe ich mich sogleich entschlossen, selbst Hand ans Werk zu legen und fünferlei Anweisungen auszuarbeiten. So schwer ein solches Unternehmen ist, und so unvollkommen ich es auch ausführen würde, so hielt ich es doch für Pflicht, nichts unversucht zu lassen.

Bei den vielen Arbeiten, die der junge Schulmeister Spörl bisher mit so vielen Knaben gehabt, ist eine Remuneration von jährlich 40 Fl. fränkisch und zwei Klaftern Brennholz gewiß sehr mäßig. Ich wage es daher, ganz gehorsamst darauf anzutragen: dem Georg Heinrich Spörl wegen seiner bisherigen rühmlichst bewiesenen Tätigkeit den Titel ›Lehrer bei der königlichen freien Bergschule zu Steben‹ beizulegen und ihm alljährlich 40 Fl. fränkisch samt zwei Klaftern Holz dergestalt zu dekretieren, daß selbige ihm bereits für das verflossene Etatsjahr 1793–94 gezahlt werden. (Humboldt, Promemoria)

4

Steben, im Winter übers Jahr. – In aller Herrgottsfrühe streben die Bergleute im Gänsemarsch den Zickzackweg zu ihrem Huthaus hinauf, das als Silhouette vor dem grauenden Himmel steht.

Steben hat so wesentlichen Einfluß auf meine Denkart gehabt, ich habe so große Pläne dort geschmiedet, mich dort so meinen Gefühlen überlassen, daß ich mich auch vor dem Eindrucke fürchte, den es beim Wiedersehen auf mich machen würde. Ich war dort besonders im Winter 1794 und im Herbst 93 in einem so immerwährenden Zustand der Spannung, daß ich des Abends nie die Bauernhäuser am Spitzberg in Nebel gehüllt und einzeln erleuchtet sehen konnte, ohne mich der Tränen zu enthalten. Diesseits des Meeres finde ich mir so einen Ort nicht wieder. (Humboldt, Jugendbriefe)

5

Der Wind heult ums Haus, die Fensterscheiben sind mit Eisblumen überfroren. Humboldt, den Oberkörper nackt, sitzt vorm Spiegel, mit großen Spanischfliegenpflastern auf beiden Schulterpartien. Hinter ihm steht Reinhard von Haeften, in Unterzeug, mit Kittel und Schürze wie ein Feldchirurgus, ein Skalpell in der Hand und in Erwartung des Kommenden schon leidend.

Humboldt: ›Zieh die Pflaster ab.‹ Große, nässende Blasen kommen zum Vorschein. ›Da liegt ein Brief aus Berlin. Sag mir bitte in drei Worten, was drinsteht.‹

Haeften öffnet, überfliegt den Inhalt.

›Man trennt uns.‹

›Unsinn!‹

›Lies selbst.‹

Haeften hält den Brief hoch, und Humboldt liest, etwas stockend, überspringend, die Spiegelschrift.

›Seine Königliche Majestät tragen dem Fränkischen Oberbergmeister pp. hierdurch in Gnaden auf . . . dadada . . . Leitung des Schlesischen oder Westfälischen Bergbaus . . . Na, fabelhaft, warum nicht gleich beide! Mach weiter, schneid die Blasen auf.‹

Von den Schultern fließt die Wundflüssigkeit den Rücken hinab. Humboldts Gesicht verzerrt sich, der Schmerz schließt ihm für einen Moment die Augen, ehe er mit Lesen fortfahren kann.

›. . . und möge der Genannte pp. . . . dadada . . . bald mitteilen, ob und wann er den Ruf gern annimmt auf Allerhöchsten Spezialbefehl.‹

Für eine Weile sieht er sehr perplex aus.

›Das Zink.‹

Er starrt in den Spiegel und beobachtet, wie Haeften in eine der beiden Wunden ein Zinkplättchen legt. Mit einem Auge blinzelt er schief nach dem Schreiben.

›Tatsächlich: *Gern!*‹ Er preßt, in Schmerz und Empörung, die Fäuste an die Schläfen. ›Gern, gerner, am gernsten. Nichts ist doch unerträglicher als diese klugen Fürsten, die anderen Menschen vordenken wollen.‹

›Der kürzeste Weg nach Berlin führt über Schlesien‹, stellt Haeften mit mühsam gespielter Sachlichkeit fest. ›Du wirst dem Befehl folgen?‹

›Willst du mich los sein? Jetzt das Silber. Schließe den Kontakt.‹

Haeften verbindet die in beiden Wunden liegenden Zink- und Silberplättchen mit einem Draht. Humboldt bäumt sich auf. Sein Gesicht wirkt wie von Wetterleuchten zerrissen. Nach einer Pause, in der er das

Ergebnis notiert, weist er Haeften an, die Plättchen fortzunehmen und an ihre Stelle Froschschenkel zu legen, die, sobald der Kontakt wieder geschlossen ist, zu zucken und zu hüpfen beginnen.

Ich ließ mir zwei Blasenpflaster auf dem Rücken anlegen, jedes von der Größe eines Laubtalers. Als die Blasen aufgeschnitten waren, fühlte ich bei der Berührung mit Zink und Silber ein heftiges, schmerzhaftes Pochen, ja, der Musc. cucullar schwoll mächtig auf, so daß sich seine Zuckungen aufwärts bis ins Hinterhauptbein und die Stachelfortsätze des Rückenwirbelbeins fortsetzten. Eine Berührung mit Silber gab mir drei bis vier einfache Schläge. Frösche hüpften auf meinem Rücken, wenn ihr Nerv auch gar nicht den Zink unmittelbar berührte, einen halben Zoll von demselben ablag und nur vom Silber getroffen wurde. Meine rechte Schulter schmerzte heftig, und die durch Reiz häufiger herbeigelockte lymphatische seröse Feuchtigkeit war rot gefärbt und, wie bei bösartigen Geschwüren, so scharf geworden, daß sie, wo sie den Rücken herablief, denselben in Striemen entzündete.

Durch Umherwischen konnte man sich große blaurote Flecken damit machen, die mehrere Stunden entzündet blieben, ob man sie gleich aus Vorsicht mit Milch abgewaschen hatte.

Ich tauchte den Finger in die seröse Feuchtigkeit und malte mir Figuren auf den Bauch. Sie blieben 2 Stunden stehen, konnten nicht abgewaschen werden!

Ich habe seit 6 Wochen ununterbrochen Versuche über Nerven und Muskel der Tiere gemacht und bin auf wirkliche Entdeckungen geraten. Ich schreibe in wenigen Wochen ein ganzes Buch ›Physiologische Versuche über gereizte Nerven- und Muskelfasern‹. Zum Teile sind die Versuche an mir selbst, ich habe mir Inzisionen gemacht, eigene spanische Fliegen legen lassen, kann Blitz hervorbringen, ohne das Auge zu berühren (man legt Zink ans obere Zahnfleisch und Silber unter die Zunge), örtliche Entzündungen erregen, Metalle zinkisieren (wie man magnetisiert, d. h. ihnen durch Berührung die Eigenschaft des Zinks zu geben, ich habe Versuche mit Fröschen, Mäusen, Ratten, Amphibien und vielen Insekten gemacht. (Humboldt, Jugendbriefe)

Humboldt tippt den Finger in eine der Wunden und malt sich mit dem Serum einen Kreis auf den Bauch und unterteilt ihn mit Längen- und Breitengraden. Durch den Spiegel zu Reinhard, der im Hintergrund die Uniform anlegt:

›Bleibst du nicht?‹

›Christiane erwartet mich.‹

›Ah!‹ Alexander überspielt seine Enttäuschung mit böser Ironie. ›Laß dich nicht von ihrem Mann erwischen.‹

›Mach's dir nicht so einfach.‹ Auch Haeften ist bitter zumute. ›Es gehen elende Gerüchte um uns. Um dich und mich!‹

›Elend sind, die uns nachstellen.‹

›Christiane bekommt ein Kind von mir!‹

›Hast du sie als Kette um den Hals? Wie Forster?‹

›Alexander! Ich weiß nicht, was ich dir bin. Ich bin einfacher Offizier, du stehst auf der Stufe zum Minister, ein oder zwei Jahre Schlesien, und du bist im Kabinett.‹

›Unweigerlich – und der Menschheit auf immer und ewig verloren.‹

›Der sächsische Kurfürst hat dich mit der Goldmedaille für Kunst und Wissenschaft geehrt!‹

Alexander gibt sich weiterhin kühl und sarkastisch.

›Ich taxiere sie auf siebzehn Dukaten. Glaubst du, der Kurfürst versteht was von der Wissenschaft?‹

›Aber du hast ihm deine Freiberger Arbeit gewidmet.‹

›Usus.‹ Alexander sagt es leichthin und winkt ab. ›Einem Fürsten zu schmeicheln, um eigenen Nutzen draus zu ziehen, ist der geringsten Vergehen eins.‹ Er bestreicht sich die Zähne mit einer aufgeschnittenen Zitrone, legt sich ein Stück Silber unter die Zunge und greift nach einem Zinkplättchen.

›Hör auf!‹ schreit Reinhard. ›Hör endlich auf mit diesen wahnsinnigen Versuchen!‹

›Und warum?‹ Alexander führt das Zink ans obere Zahnfleisch. Sein Gesicht verschwimmt in flackernder Unschärfe und erscheint dann wieder, erschöpft, verformt. ›Ich denke doch, von meinem Körper mehr zu erfahren über die rätselhaften Prozesse des Lebens als von den Schenkeln toter Frösche. Man kann sich nur ganz einbringen oder gar nicht.‹

›Wem denn?‹ schreit Haeften gereizt und aufsässig. ›Wofür denn?‹

›Der Welt. Der Wissenschaft.‹ Alexander dreht sich um, er lächelt, will den Freund verletzen. ›Dem Berühmtwerden, ja: vielleicht ist das alles auch diktiert von einer Eitelkeit, die normale Kreaturen nicht verstehen können?‹ Er zuckt mit den Achseln.

Er dreht sich wieder zum Spiegel zurück und sieht Reinhard im Dunkel des Hintergrunds zur Tür gehen. Er ist auf einmal sehr ernst, studiert sein Gesicht im Spiegel.

›Es ist eine Unruhe in mir‹, sagt er ehrlich, ›ein Streben nach Tätigsein, das mich plagt. Ich kann nicht davon lassen, obwohl es mich selten frohmacht. Glücklich bin ich allein in der Nähe meiner Freunde.‹ Er dreht sich wieder zu Reinhard und vollendet in tiefster Aufrichtigkeit: ›In deiner Nähe, Reinhard.‹

›Alexander!‹ Reinhard weiß nicht ein noch aus, er stammelt: ›Du betrügst dich . . . du fliehst zu mir . . . aus Einsamkeit . . !‹

›O nein.‹ In diesem Augenblick ist Alexander ganz allein mit sich. ›Ich fürchte die Einsamkeit immer weniger. Ich beginne sogar, sie zu genießen.‹

Ich hatte die Ehre, Ew. Exzellenz schon vor Jahren meinen frühgefaßten Plan, mich durch praktisch-bergmännische Geschäfte zu einer Reise auf unser Metier vorzubereiten, gehorsamst vorzulegen. Diesem, nach meiner inneren Überzeugung nicht ganz unwichtigen Zweck wünschte ich jetzt näher zu treten, und je mehr ich die traurige Erfahrung habe, daß mein Körper durch frühe Anstrengung früher altern wird, als ich sonst mich schmeichelte, desto mehr eile ich, meine noch jugendlichen Kräfte diesem Plane aufzuopfern. So interessant es daher auch, bei meinem nicht sehr reichlichen Auskommen, für mich wäre, meine äußeren Verhältnisse zu verbessern, so unmoralisch wäre es doch gehandelt, eine neue Lage einzugehen, um dieselbe gleich wieder zu verlassen. Unter solchen Umständen muß ich daher die mir von Ew. Exzellenz gnädigst angetragene Stelle eines Oberbergmeisters von Schlesien gehorsamst ablehnen. (Humboldt an Staatsminister Friedrich Anton Frh. von Heinitz)

Warum lieber dem Reiche der Wissenschaften als der Provinz Schlesien oder Westfalen nützlich werden? Hier wird freilich Ihr Wirkungskreis beschränkter als dort, aber er wird sicherer sein, und Sie werden die Früchte von Ihrer Tätigkeit selbst zu ernten die Freude haben, welches bei bloßen Beschäftigungen für das Reich der Wissenschaften höchst selten der Fall ist. (Heinitz an Humboldt)

Achte Sequenz

Die Andengötter sind Humboldt gnädig

1

Provinz Chimborazo (1802). – Der Humboldtschen Karawane, die eine weitflächige Hochebene erreicht hat, zeigen sich überraschend und fast auf einen Blick die andenbeherrschenden Schneehäupter der Vulkane.

Die Pferde, Maultiere, Lamas sind von ihrer Last befreit und weiden, teils angepflockt, teils an den Vorderhufen gefesselt. Die Instrumente sind ausgepackt, ein jeder geht seiner Arbeit nach. Humboldt peilt durch den Sextanten die Gipfel an; Carlos Montúfar bestimmt mit dem Zyanometer die Himmelsbläue; Bonpland richtet sich aus Ästen und Páramograsmatten einen Windschutz vor, hinter dem er Wasser erhitzt zum kurzen Abtöten der gesammelten frischen Pflanzen.

Die indianischen Träger und Tierführer hocken im engen Kreis um den Schamanen, der in ihrer Mitte steht und sich anschickt, nach uraltem Ritus die Berggottheiten um ihren Schutz anzurufen. Sein tief gefurchtes Gesicht ist von Knochenasche und Pflanzensäften gefärbt, sein Quichua-Sprechgesang klingt rauh und beschwörend. Aus einer Kalebasse schlürft er scharfen Maisschnaps, nimmt tiefe Züge von einem glimmenden, zusammengerollten Blatt, dann sprüht er die Flüssigkeit und bläst den Rauch längs eines Stabes in alle Winde. Voller Ehrfurcht rufen die Indios die Namen ihrer Berge:

›Shamui Cotopaxi!‹

›Shamui Rumiñahui!‹

›Shamui Taita Illiniza!‹

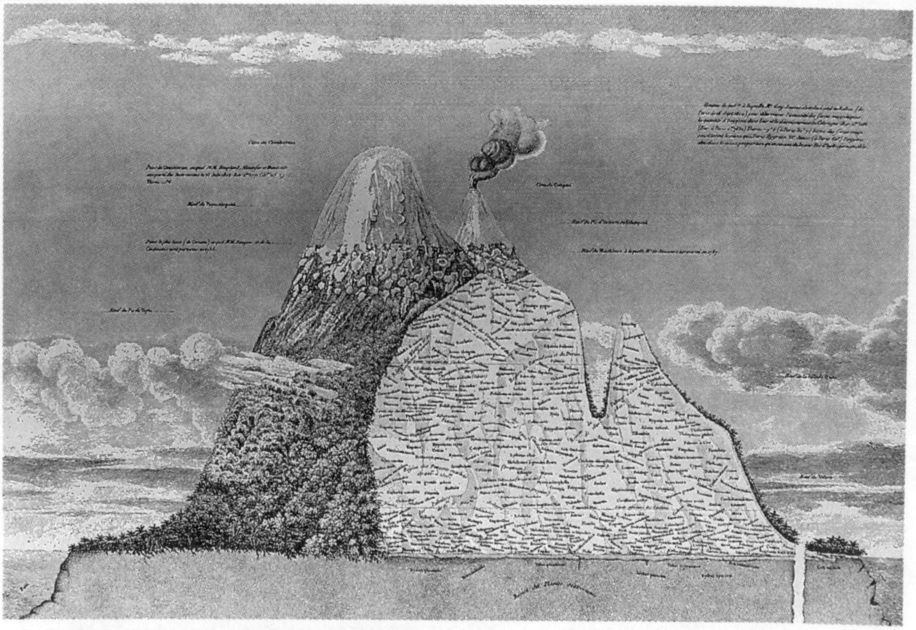

Pflanzengeographisches Profil der Anden, entworfen von Alexander von Humboldt, gezeichnet von Schönberger und Turpin, 1805.

›Shamui Mama Tioniza!‹

›Shamui Sangay!‹

›Shamui Mama Tungurahua!‹

›Shamui Taita Chimborazo! Shamui Taita Chimborazo!‹

In ihren *zamarros*, den bis zu den Hüften reichenden Überhosen aus Lama- oder Schafsfell, ziehen sie schwerfällig schaukelnd einer nach dem anderen an einem großen Stein vorüber, auf den sie jeder einen kleineren legen. Das Geschenk für die Berge.

2

Pacho, der Junge mit dem Barometer, steht vor Humboldt und Montúfar und weist hinüber zum Cotopaxi, der sonnenüberstrahlt in den klaren Himmel ragt.

›Das ist ein glücklicher Tag‹, sagt er halb in Spanisch, halb in Quichua. ›Die Berge sind ruhig, heute könnten wir den Aufstieg wagen. Wenn sie böse sind, speien sie Feuer. Bumm, bumm!‹

›Dann vorwärts, Carlos‹, ruft Humboldt. ›Nutzen wir die Gunst der Götter für eine Grundlinienmessung. Und dann laß uns rechnen, wie hoch sie wohnen.‹

Bonpland, hinter seinem Windschutz, hat inzwischen eine der verpichten Bretterkisten geöffnet und schreit aus tiefster Seele auf. Sein Herbarium, so mühselig und gefahrvoll zusammengetragen, ist von Insektenfraß und Nässefäule zerstört. Bogen um Bogen fetzt er aus der Kiste, mit jedem Bogen steigt seine Wut über das geile Viechzeug, das selbst noch das Pech aus den Bretterfugen frißt und die wertvollen Sammlungen, soweit es sie nicht selbst verschlingt, dem Páramo-Regen preisgibt. Wie ein Rumpelstilzchen, in rasendem Französisch schimpfend, trampelt er auf den Blättern herum.

Montúfar, der in der Ferne, von seinem Poncho umweht, eine behelfsmäßige Nivellierlatte in den Boden treibt, hält unter Bonplands Geschrei einen Moment inne. Dann nimmt er in gemächlichem Gang das Schrittmaß bis zum nächsten Signalpunkt der Basislinie.

›Schneller, Carlos!‹ ruft Humboldt. ›Tempo, Amerika ist groß!‹

›Du renn nur‹, gibt Carlos zurück, ›du wirst den Höhenkoller kriegen.‹

›Du willst mich belehren?‹ Humboldt lacht ihn aus.

›Ich lebe hier!‹

Wir hielten uns drei Tage in diesen Ebenen auf, die viertausend Meter über dem Meer liegen und deren Kälte unerträglich ist. Obwohl sie nicht bis an die untere Grenze des ewigen Schnees reichen, bleiben sie oft dreißig bis fünfzig Tage mit Schnee bedeckt, er fällt bis zu drei, vier Fuß Höhe, und das Vieh streunt umher und brüllt und kann nichts zu fressen finden. Mehr als die Kälte setzt einem der Luftmangel zu, von dem die Brust sich immerzu bedrängt fühlt. Ich habe hier Grundlinien gemessen, sowohl für die Höhenbestimmung als auch für andere geodätische Arbeiten. Ich bin gewöhnt, im vollen Trab und ohne Ermüdung von einem Signal zum anderen zu laufen, und wären sie fünfzehnhundert oder zweitausend Meter voneinander entfernt. In den Ebenen des Antizana konnte ich nicht einhundertfünfzig Meter laufen, ohne den Atem zu verlieren und starke Brustschmerzen zu spüren. Sogar die Tiere hier fühlen diese Lungenreize. (Humboldt, Reisetagebücher)

Über ein großes Blatt Papier gebeugt, das der heftige Wind ständig zu entführen droht, zeichnet Carlos unter Humboldts Aufsicht die Höhen- und Seitenwinkel, die zu messen sind.

›Aber zunächst‹, sagt Carlos, ›müssen wir mit dem Barometer errechnen, wie hoch wir selber sind. Richtig?‹

Humboldt nickt. Sein Blick ist in die Ferne gerichtet, zum Instrumentenlager, wo Pacho, der die beiden nicht einen Moment aus den Augen gelassen hat, den großen Lederköcher öffnet und die Metallhülse, die das kostbare Barometer schützen. Im langsamen Schritt des Bergbewohners macht er sich auf den Weg.

Humboldt faßt Carlos an der Schulter.

›Sieh, wer da kommt. Pacho. Mir scheint, ich habe zwei Schüler.‹

Bonplands Wut ist inzwischen verraucht, die darauf folgende Resignation vom Winde verweht. Er taucht eine Pflanze ins kochende Wasser und schlägt sie ins Löschpapier, das er sorgfältig beschriftet.

›Voilà – fangen wir also wieder einmal von vorne an . . .‹

Neunte Sequenz

Die Gebrüder Humboldt

1

Tegel (1796). – Frau Marie Elisabeth von Humboldt kann das Krankenbett nicht mehr verlassen. Ihre Hand liegt wie ein kleiner kahler Vogel auf der Decke, zieht sich unter den Schmerzen zusammen und öffnet sich wieder, immer im gleichen Rhythmus.

›Der Rock des Oberbergrats steht dir gut.‹

Sie fixiert Alexander, der ans Bett getreten ist. Er kann diesen Blick aus dem leidgezeichneten Gesicht der Mutter, das gleichwohl von unerschütterlicher Selbstbeherrschung geprägt ist, nur schwer ertragen.

›Ich tue‹, sagt er, ›meine Pflicht und mache dem Namen Humboldt in vielerlei Geschäften alle Ehre, wie Sie es immer wünschten.‹

›Du siehst gesund aus.‹ Sie hustet. ›Du bist ein Mann geworden.‹

Alexander weiß nicht, wie er in dem Gespräch fortfahren soll. Es ist nur ein Reflex der Hilflosigkeit, der seine Hand in die Rocktasche fahren läßt. Aber nun ist es einmal geschehen, und so zieht er einen grünen Serpentinstein hervor und hält ihn hoch, gerade so, wie er es früher einmal beim Pfänderspiel getan hat.

›Zum Beispiel diese Steinchen‹, sagt er, und es sieht aus, als werde er gleich, ebenfalls wie früher, ein Auge dabei zukneifen. ›Ich verkaufe sie. Jedes dieser Steinchen hat seinen eigenen Nord- und Südpol.‹

Wilhelm von Humboldt, auf der anderen Seite des Bettes sitzend, tröpfelt der Mutter eine Arznei auf den Löffel und verschüttet sie beinahe, weil er sich besorgt fragt, wie weit Alexanders Dreistigkeit noch gehen wird.

›Ich habe einen ganzen Berg davon entdeckt. Der Erlös geht in eine Stiftung für arme Bergleute auf dem Gebirge. Sechzehn Groschen die kleinen, zwei Taler die großen.‹ Er treibt es tatsächlich auf die Spitze: ›Kaufen Sie!‹

Caroline von Humboldt und Wilhelm schicken sich über das Bett hinweg stumme Seufzer. Der Majorin indessen gelingt die Spur eines Lächelns, als hätte sie jetzt erst ihren jüngeren Sohn erkannt.

›Er hat sich nicht verändert‹, sagt sie und berührt ihn am Oberbergratsrock.

Ich eile Dir zu melden, mein guter Karl, daß ich die größte Entdeckung meines Lebens gemacht. Ich war 8 Tage lang im Gebirge und in der Oberen Pfalz und habe eine ganze Gebirgsmasse entdeckt, welche eine ungeheure magnetische Polarität besitzt. Diese Masse besteht aus deutlichem, reinem Serpentinstein von lauchgrüner ins berggrüne übergehender Farbe und splittrigem Bruche. Ein Splitter, 1/6 so groß als ein Pfefferkorn, hat noch seine 2 deutlichen Pole und wendet sich um, je nachdem man ihm den N- oder S-Pol eines Magnets nähert.

Wir werden Depots in Freiberg, Berlin, Regensburg p. anlegen. Wolltest Du ins bergmännische Journal bloß einrücken lassen: Liebhaber der Mineralogie, welche dies seltsame Fossil zu besitzen wünschen, können sich mit postfreien Briefen an den Bergamtsgegenschreiber Linz zu Goldcronach bei Bayreuth wenden. Der kleine Gewinn, welchen man sich von dem Absatze verspricht, wird unter öffentlicher Autorität berechnet und zur Unterstützung armer Bergleute angewandt werden.
(Humboldt, Jugendbriefe)

Es wird geklopft. Kunth, im Hintergrund der Tür am nächsten, öffnet. Die Kinderfrau schiebt Carolines und Wilhelms Kinder herein, die vierjährige Lina und den zweijährigen Bill, damit sie der Großmutter einen guten Morgen und – wie es die landläufige, geschmacklose Gewohnheit nun einmal unter allen Umständen will – obendrein noch gute Gesundheit wünschen. Die welke Hand empfängt Linas Kuß und fährt dem kleinen Bill über den Kopf. Alexander registriert es fremd.

Die Mutter der Gebrüder Humboldt, Marie Elisabeth von Humboldt (1741–1796).

Der Vater der Gebrüder Humboldt, Georg von Humboldt (1720–1779).

›Noch immer‹, sagt die Majorin, ›wünsche ich mir, auch von Alexander mit Enkeln beschenkt zu werden.‹

Er ringt mühsam um Fassung. Aber er weicht den strengen Augen der Mutter nicht aus und blickt herausfordernd zurück. Und beide halten sie diesen stummen Kampf lange aus.

2

Endlich draußen, packt Alexander die Kinderfrau, als sei er von Sinnen:

›Sie will, daß ich Kinder in die Welt setze, damit sie ihnen den Kopf tätscheln kann!‹

Die Frau macht sich mit einem Schreckenslaut los, ergreift die wartenden Kinder und verschwindet mit ihnen.

Die Brüder sind allein in jenem Kabinett, in dem die Mutter einst bei Pfänderspiel und Patience über ihre Zukunft entschied.

›Seit einem Jahr‹, beklagt sich Wilhelm, ›ist es jeden Morgen das gleiche Zeremoniell. Seitdem ich wieder in Berlin bin, habe ich fast nichts getan. Du erscheinst mal eben hier und gehst gleich wieder. Sie ist auch deine Mutter!‹

›O ja!‹

›Außerhalb deiner selbst gibt es nichts, was dich bewegt. Und ich bin wie gefesselt hier!‹

›Das Leben . . .‹, sagt Alexander. Wie zur Bestätigung der brüderlichen Vorwürfe hängt er ganz seinen eigenen Gedanken nach: ›. . . ein Horizont ohne Grenzen . . .‹

›Ich frage mich, woher sie diese Kraft nimmt.‹

›Die hat sie uns vererbt. Irgend etwas müssen wir ja von ihr haben.‹ Alexander läßt sich in einen Sessel fallen.

›Früher‹, fährt Wilhelm fort, ›dachte ich, die Menschen müssen wohl leiden, um stark zu werden. Aber wozu? Jetzt glaube ich vielmehr, sie müssen Freude haben, damit sie gut sein können. Ich bin so freudlos. So untätig. Und eins hat seine Ursache im anderen.‹

›Untätig?‹ Alexander blickt den Bruder spöttisch an. ›Wie ich höre, treibst du mit kannibalischer Wut praktische Anatomie, lebst und webst in den Kadavern. Es heißt, du hättest dir einen ganzen Bettelmann gekauft und fräßest menschliches Hirn?‹

›Ja, ich seziere. Menschliches Hirn, die Antike, die neuesten Zeilen von Schiller und Goethe . . . Ich tue dies, ich mache das, und je tiefer ich mich in die Arbeit kniee, desto mehr zweifle ich an meiner schöpferischen Tauglichkeit.‹

›Weil du dein Maß bei anderen suchst.‹ Alexander steht auf. ›Früher einmal‹, sagt er dem Bruder ins Gesicht, ›da hast du geschrieben: Was im Menschen gedeihen soll, muß aus seinem Inneren kommen. Erstens: Bilde dich selbst. Und zweitens: Wirke auf andere durch das, was *du* bist.‹

›Die Schrift ist nie vollständig gedruckt worden.‹

›Wundert's dich noch immer? Du wolltest die Grenzen der Wirksamkeit des Staates bestimmen und hast es auch gleich noch im Titel dem Zensor bekanntgegeben. Die freie Entwicklung des Individuums! Wenn das nicht Utopie ist, ist es Aufruhr. Spiele bitte nicht den naiven Jüngling von einst!‹

›Der geschrieben hat‹, sagt Wilhelm und nimmt den freigewordenen Sessel ein: ›Zuerst einmal bin ich Mensch und möchte dem Staatsbürger, der ich ja gewiß auch bin, nicht aufgeopfert werden. Naiv!‹

›Der Staat, die Verhältnisse, die Bindungen‹ – Alexander sieht hinab auf den Bruder und setzt mit großer Bestimmtheit fort: ›Wir finden *in uns* die Kraft zu widerstehen – oder unsere Träume zerschellen.‹

›Und wäre es so schlimm?‹

›O ja, verdammt. Hier ein Amt, da eine diplomatische Mission, Beschäftigung statt Arbeit, so geht das Leben niemals richtig los. Es geht nur vorbei. Wilhelm! Nur ein übermäßig großer Selbstanspruch kann uns davor retten, in der gesichtslosen Masse unterzugehen. Laß uns pfeifen auf die Anfeindungen und Mißverständnisse, denen dieser Selbstanspruch uns aussetzt. Und auf die Kränze, die uns die einsichtsvolle Nachwelt vielleicht flechten wird.‹

›Auf die Kränze auch?‹ Wilhelm lächelt zu Alexander hinauf. ›Aus Edelmut?‹

›Aus übermäßiger Eitelkeit.‹

Alexander stellt sich mit dem Rücken an die Lehne des Sessels, die Arme über der Brust verschränkt, ein Bein übers andere geschlagen. Rücken an Rücken, der eine stehend, der andere sitzend, beide in Pose, sehen sie aus wie ihr zukünftiges Denkmal: Die Gebrüder Humboldt!

Zehnte Sequenz

Tod und Wiedergeburt
Abschied von Preußen

1

Im Fichtelgebirge (1796). – Der plumpe Gaul, vor den knarrenden Zugbalken gespannt, stapft in der Kreisbahn des Göpels, der das Kunstgezeuge der Grubenförderung bewegt. Der verlorenen Kreatur sind die Augen verbunden, sie weiß nichts von ihrem Schicksal, nur immer von Nirgendwo nach Nirgendwo zu gehen.

Schichtmeister Spörl, drei Häuer und Humboldt – auch er im Arbeitszeug des Bergmanns – hocken auf den Fersen um eine große, von Humboldt entwickelte Grubenlampe. Das Gewinde ihres Brennerdrehhahns geht ihm noch nicht steil genug, er fürchtet, sie könnte in besonders matten Wettern verlöschen. Fragend sieht er den erfahrenen Spörl an. Doch dann wird er abgelenkt von einem Reiter, der im scharfen Galopp, mit fliegendem Umhang, den Weg von Bayreuth heraufprescht.

›Extrapost von deinem Bruder!‹

Reinhard von Haeften springt aus dem Sattel. Humboldt weiß, noch ehe er den Brief in Händen hält, welche Nachricht Wilhelm ihm schickt.

›Fahrt schon ein, ich komme nach‹, ruft er den Bergleuten zu, nimmt seine Lampe auf und geht mit Reinhard hinüber zum Göpel. Sie setzen sich auf das Balkenfundament.

Der Chimborazo (6267 m)

Chimborazo-Motiv

Hochland-Indios der Chimborazo-Region

Hochgebirgsdorf in den Anden

Hochland-Indios der Chimborazo-Region

Indio-Kinder in traditioneller Kleidung

HOY
AJI
DE
UY

Indio-Markt in der Chimborazo-Region

Der Chimborazo

Der Doppelgipfel des erloschenen Vulkans Illiniza (5116 m und 5263 m)

›Merkwürdig‹, sagt er leise; eine unerwartete Emotion verändert den Ausdruck von Gesicht und Stimme, ›erst jetzt, da sie tot ist, fühle ich, sie war meine Mutter.‹

Ich kann heute nur noch hinzusetzen, daß gestern die Nachricht vom Tode meiner Mutter kam. Vorbereitet war ich längst. Betroffen hat es mich nicht, aber beruhigt, daß sie so wenig litt. Sie war nur 1 Tag krank, hatte nur 1 Tag heftigere Schmerzen als sonst. Sie verschied sanft. Du weißt, mein Guter, daß mein Herz von der Seite nicht empfindlich getroffen werden konnte. Wir waren uns von jeher fremd, aber wen hätte das unselige, endlose Leiden der Verschiedenen nicht rühren sollen. (Humboldt, Jugendbriefe)

›Reinhard‹, fragt er, von einer schon wieder neuen Stimmung ergriffen, ›warum dürfen wir nicht die Selbstschöpfer unseres Glückes sein?‹

Wie zufällig hält er den kaum überflogenen Briefbogen an die Flamme der Lampe und sieht dem Züngeln zu, das vom Rande her die Nachricht frißt.

›Es steht dem nichts mehr im Wege‹, erwidert Reinhard sachlich. ›Du bist jetzt frei.‹

›Ja, und du bist verheiratet. Christiane ist jetzt dein. Du besitzt, was in den Augen der gewöhnlichen Welt einen Mann glücklich macht. Trotzdem. Nimm deinen Abschied. Laß uns gemeinsam reisen. Zu dritt.‹

Reinhard steht auf und weicht zurück. Er hat von Alexanders Ironie gelernt, doch aus seinem Munde klingt sie nur bitter:

›Nach Amerika? Oder Indien? Mit Frau und Kind in den Urwald?‹

›Nein, nein!‹ Alexander folgt ihm, bedrängt ihn. ›*Du* bestimmst das Land, die Route, die wir nehmen, die Länge unseres Aufenthalts. Italien! Ich weiß, wie du Italien liebst. Alles hängt von deinem Wink ab, ich selbst. Wir werden die Welt *in uns* erschaffen . . ., deine Zufriedenheit wird meine Seligkeit sein . . .‹

›In einem stillen, häuslichen Dasein, wie du es so unendlich liebst!‹ Reinhard strafft sich; er weiß, er muß den Freund, will er ihn nicht verlieren, in diesem Augenblick von sich stoßen. Er befiehlt es förmlich: ›Ad eins – du triffst dich mit Wilhelm und Kunth! Ad zwei – ihr regelt die Erbschaft! Ad drei – du nimmst, was dir zusteht, und kehrst diesem Europa schleunigst den Rücken!‹ Fast höhnisch setzt er noch hinzu: ›Oder hast du, da du endlich aufbrechen kannst, plötzlich Angst vor deiner großen Reise?‹

Lieber Reinhard. – Es gibt gewisse Dinge, über die sich besser schreiben als reden läßt.

Zwei Jahre sind jetzt verflossen, seitdem wir uns näherten und Dein Schicksal das meinige wurde. Ich segne noch jetzt den Tag, da Du zum ersten Mal Deine Sorgen in meinen Busen schüttetest, mir zum ersten Mal sagtest, daß Du Linderung spürtest. Nie hatte ich in einem Menschen solche Innigkeit der Empfindung, solche Reinheit der Seele gefunden, ich fühlte mich besser in Deinem Umgange, und von der Zeit an war ich mit ehernen Ketten an Dich gebunden. Wenn Du mir Jahre lang mit Kälte und Verachtung begegnetest, wenn Du mich zurückstößest, wie ich mich an Dich dränge; ich würde nie aufhören, in stummer Betrübnis an Dir zu hangen, doch dem Himmel danken, daß ich vor meinem Tode empfinden durfte, was gute Menschen einander sein können. Mit jedem Tage nimmt diese Liebe und Anhänglichkeit, deren Ausbruch Dir oft lästig wird, zu. Ich kenne kein anderes Glück auf Erden, seit 2 Jahren, als Deine Heiterkeit, Deinen Umgang, als den schwächsten Ausdruck Deiner Zufriedenheit. Meine Liebe zu Dir ist nicht Freundschaft, Bruderliebe allein, es ist Ehrerbietung, kindliche Dankbarkeit, Ergebung in Deinen Willen als meinem höchsten Gesetze.

Du bist endlich ans Ziel Deiner Wünsche gelangt, zu einem Besitze, der Dir kaum möglich schien. Christiane ist jetzt Dein, Du hast jetzt, was von jeher glückliche Menschen bezeichnete, ein gutes Weib, das Du liebst, und einen Freund, der glücklich wäre, sein Leben hinzuopfern, wenn er Dir dauernde Ruhe damit erkaufen könnte.

Was Dir, wie ich aus Erfahrung weiß, unter allen Freuden des Lebens der größte Genuß ist, was die Fähigkeiten des Menschen am meisten ausbildet, eine neue lebendige Welt in ihm schafft, ist Reisen. Alles, alles wäre unendlich leichter in der Ausführung, wenn Du jetzt die letzte Exerzierzeit machtest, und wenn wir alle auf einige Jahre nach Italien zögen. Daß es ganz und allein von Deinem Winke, Deinem Befehle abhängt, wohin und wie Du reisen, wie schnell Du Italien verlassen willst, daß Du über mich, wie über Dein Kind, zu gebieten hast, immer Gehorsam ohne Murren finden sollst, dafür bürgt Dir mein Charakter und unser bisheriger Umgang.

Meine Amerikanische Reise wird also dann noch länger ausgesetzt und nicht eher angetreten, als bis Du Dich entschieden hast, ob Du in Italien bleiben oder nach Deutschland, wie ich vermute nach 2 – 3 Jahren, zurückkehren willst. Im letzteren Falle versteht sich von selbst, daß ich Dich aus Italien zurückbringe und so lange bei Dir bleibe, als wir unsere Einrichtung gemacht haben. Wo wir uns dann niederlassen wollen, ist gleichgültig, am besten da, wo eine freundliche Natur ist und wo uns nicht alte Verbindungen genieren.

Dies ist der Plan, den ich Dir anbiete, mehrjähriger Aufenthalt in dem Vaterlande der Kunst, Ausbildung des Geistes durch Anschauung und Umgang, Erhöhung der Empfänglichkeit durch ein Leben in einem milden Klima, im reizendsten Teile Europens, begleitet von Weib und Kind, von einem Freunde, der Dich wie seinen Vater verehrt und als Bruder liebt, und nach diesen Reisen ein stilles häusliches Dasein in glücklicher Rückerinnerung genossener Freuden – und alles dies in der freiesten Unabhängigkeit, niemand Rechenschaft gebend, Selbstschöpfer seines Glückes. (Humboldt, Jugendbriefe)

2

Humboldt ist über die von Bühne zu Bühne versetzten Fahrten hinabgestiegen in die Tiefe des Schachts.

Er schnuppert fachmännisch die Luft im Stollen, der Schimmer der luminiszierenden Schwämme an den feuchten Wänden glimmt wider in seinen traurigen Augen. Ach, Reinhard, Reinhard! Er stolpert mehr, als er geht, er blickt nur in sich hinein. Außer seinen tappenden Schritten kein Laut. Es kümmert ihn nicht, daß die Flamme seines Grubenlichts sinkt, da doch in seinem Herzen die Dunkelheit herrscht. Er schlürft weiter, obwohl er in den matten Wettern kaum noch Luft schöpfen kann. Er entschwindet durch eine schmal ausgehauene Öffnung in einen niedrigen Stollflügel. Dort setzt er die Lampe ab, rutscht an der Wand hinab auf die Sohle, neigt den Kopf auf die Brust und harrt des Augenblicks, da die Brennerflamme erlischt . . . Durch das ausgehöhlte Gebirge dringen schwache Rufe zu ihm, über die er in der Gewißheit, hier werde niemand ihn so leicht finden, lächelt.

›Humboldt! – Herr Bergrat! – So antwortet Se doch!‹

Spörl teilt die Männer ein zur Suche in den verschiedenen Flügeln. Er selbst setzt die von Humboldt erfundene Respirationsmaske auf und nimmt den gefährlichsten Weg.

›Humboldt!‹

Spörls alte Lampe versagt in demselben Moment, da er weit vor sich im Unterweltschwarz ein Fünkchen der noch ausdauernden neuen Lampe sieht.

Er hebt dem Ohnmächtigen den Kopf, leuchtet ihm unter die Lider und muß schwer arbeiten, bis er den Bergrat über die Trümmer niedergebrochenen Gesteins soweit in den Stollen zurückgeschleppt hat, daß die Flamme wieder steigt.

3

Humboldt liegt auf einer Mannschaftsbank im Huthaus. Spörl steht breitbeinig über der Bank, hat des Bergrats Fäuste gepackt und preßt sie rhythmisch auf dessen Brust. Reinhard beatmet den Freund von Mund zu Mund. Es dauert lange.

›Lasset Se nur‹, sagt der Schichtmeister endlich, ›itze kommt er zu sich.‹

Reinhard schlägt den Freund linksrechts ins Gesicht. Als Alexander die Augen aufschlägt, ist er schon fort. Der Hufschlag seines Pferdes verhallt. In der Stille knarrt das Göpelwerk.

Frau Spörl schiebt den Arm unter Humboldts Kopf und setzt ihm einen Henkeltopf an die Lippen. Er hat noch kaum Kraft, die Milch zu schlürfen. Aber er fragt:

›Hat meine Lampe noch gebrannt?‹

Spörls Gesicht ist ein einziger Vorwurf.

›Gott sei Dank! Ohne Ihre neue Lamp und Ihr'n Respirationsapparat wäret Se nämlich net hier!‹

Fast wäre ich vorgestern ein Opfer meiner Versuche geworden. Man hat mich an den Beinen heraus an die frische Luft gezogen. Die Sache war so: Es gibt im Bernecker Alaunwerk Wetter, die allein noch meiner Lampe trotzten. Ich fiel endlich darauf, Luft auch von außen, und zwar im Ringe, in die Flamme blasen zu lassen, und so kam eine neue Lampe zustande.

Zu meinem größten Vergnügen gelang der Versuch. Ich war neugierig, wollte bis an das faule Holz vor Ort fahren, wo wir den Schwefel verbrannt haben. Ich kroch hinein. Killinger mußte zurückbleiben, weil er noch von einem ähnlichen Versuch krank ist. Ich kam vor Ort, setzte meine Lampe hin und freute mich unendlich ihres Lichtes. Ich soll Killinger gerufen haben, ich weiß nichts davon. Er tappte im Finstern nach und fand mich ohnmächtig bei der Lampe. Er zog mich hinaus. Schon bei der Blende kam ich zu mir. Mir war wie besoffen und matt, 2 Tage matt, doch spüre ich keine üblen Folgen mehr. Ich war freilich schuld, aber durch häufiges Fahren in solchen Wettern dreist, kurz, es ist vorbei, und ich habe die Lampe beim Erwachen noch brennen sehen. Das war wohl der Ohnmacht wert. An eben dem Tage haben wir eine andere Entdeckung gemacht, die wichtig für den praktischen Bergbau ist, mein Guter. In Wettern, in denen kein Talglicht, keine gewöhnliche Lampe mit Unschlitt, keine mit Öl brennt, brennen meine gestrickten hohlen Dochte ohne alle Maschine.

Willst Du die neuen Dochte stricken lassen, so gehören unten 11 Maschen dazu, nach und nach nimmt man ab bis 9 Maschen, alles auf 4 Stricknadeln. (Humboldt, Jugendbriefe)

4

Berlin. – In einem Saal mit hohen, von schweren Vorhängen verdunkelten Fenstern, kahl bis auf die barocken Lüster und Fauteuils, steht Oberbergrat Alexander von Humboldt den preußischen Staatsministern Graf Hardenberg und Freiherr von Heinitz gegenüber. Zwischen ihnen ist fast die ganze Länge des Saals. Das Gespräch ist höflich und kühl; die Minister immerhin bringen das Mindestmaß an Entgegenkommen auf, das zu diesem Versuch gehört, Humboldt wenigstens indirekt an Preußen zu binden, wenn es direkt denn nicht mehr geht.

Heinitz: ›Ihr Entschluß, lieber Humboldt, demnächst alle öffentlichen Dienste zu quittieren, betrübt uns sehr. Warum wollen Sie Ihre Fähigkeiten nicht weiterhin dem Vaterland widmen? Und wenn wir Sie denn unbedingt nicht halten können, warum wollen Sie dann nicht wenigstens Ihr Gehalt fortbeziehen?‹

Humboldt: ›Darf ich offen sein, Euer Exzellenzen?‹

Hardenberg: ›Niemand erwartet von einem Humboldt die Sprache der Schlaffheit.‹

Humboldt: ›Der Weg durch die höhere Verwaltung, den Sie mir vorzeichnen, führt eines Tages – wenn es zu spät ist, sich noch loszureißen, ohne verantwortungslos zu scheinen – unweigerlich nach Berlin. Und wie viele handelnde Männer findet man hier – außer Ihnen –, die ihr Amt vom König erlangt haben, ohne vorher Rosenkreuzer, Geisterseher, Heuchler, Schleicher, Intriganten geworden zu sein?‹

Heinitz: ›Immerhin gibt es hier eine Königliche Akademie der Wissenschaften.‹

Humboldt: ›Ein Siechenhaus, wo man in Salzkörnern nach Gold sucht, statt sich um den Zucker in der Rübe zu kümmern. Selbst im königlichen Krankenzimmer treiben Quacksalber ihre Heilkünste mit magnetischen Frauenhänden und dem Gedärm ungeborener Katzen und Kälber.‹

Hardenberg: ›Sie unterstreichen nur, wie dringend wir Sie brauchen.‹

Humboldt: ›Herr Minister von Hardenberg! Herr Minister von Heinitz! Ich weiß, Ihre Exzellenzen denken zu groß, um sich nicht auch in meinen Standpunkt versetzen zu können.‹

In des Ministers Vorschlag wegen Beibehaltung meines Gehalts werde ich nicht willigen können. Je mehr man selbst die sittlichen Handlungen anderer richtet, desto strenger muß man selbst die Gesetze der Sittlichkeit befolgen. Das Verdienst, die Freundschaft eines Ministers nicht mißbraucht zu haben, ist ja das einzige Verdienst, welches ich in diesem Lande zurücklasse. Dazu sind die Kassen hier sehr arm, denn ich glaube, daß ein Land arm zu nennen ist, in dem Vorsteher angesehener Schulen mit 70 – 90 Fl. Gehalt und 5 – 6 Kindern darben. (Humboldt, Jugendbriefe)

Elfte Sequenz

Die Indianer fragen Humboldt, was er in Amerika sucht

Sie segnen ihn im Angesicht des Chimborazo

1

Provinz Chimborazo (1802). – Die Karawane hält Einzug in ein Hochlanddorf. Die ganze Comunidad ist auf den Beinen. Die Frauen am Rande des Weges, der leicht bergan durch kleine Maisfelder führt und von mächtigen Agaven gesäumt ist, stehen scheu und schweigend. Sie lächeln versteckt und drehen unablässig ihre Handspindeln. Die Kinder tollen durch den Zug, ein paar als kleine gelbe, langgeschwänzte Teufel verkleidet. Ein junger Bauer trägt ein fellüberzogenes Gestell mit Hörnern und spielt die *vaca loca*, die närrische Kuh, die lieber ein Stier sein möchte und mit ihrem ungeschickten Draufgängertum die Karawane zum Lachen bringt und auch vor Humboldt, Bonpland, Montúfar und dem Dorfpfarrer keinen Respekt zeigt. Allen voran aber schreitet durch den mit Blumen umwundenen Triumphbogen der Vorsänger, der abwechselnd die Panflöte spielt und mit eindrucksvoller Gestik die Quichua-Verse eines Lobliedes auf Humboldt mehr deklamiert als singt, begleitet von der Trommel und der *bocina*, einer Art Alphorn, an die fünf Fuß lang.

›Verstehst du den Sänger?‹ fragt Bonpland.

›Nur soviel, daß er uns über den grünen Klee lobt‹, erwidert Humboldt.

›Der Tag ist wieder fort für die Arbeit.‹ Bonpland seufzt. ›Bloß, weil dein Name uns überall vorausläuft.‹

Der Corregidor Don Javier Montúfar, ein Bruder von Carlos, begleitete uns nach Calpi, und da er den Ort zum erstenmal besuchte, wurden wir Zuschauer der Einzugsfeierlichkeiten, die ihm die Indios bereiteten, die alles Zeremoniell so lieben. Die Straßen waren mit Triumphbogen geschmückt, diese wiederum mit Baumwollzeugen, mit Silbertellern und sonstigem Silbergeschirr. Der Hauptbogen besaß eine Nische für die Musikanten und ein reich gekleidetes Mädchen, das förmlich bebte, sich so herausgeputzt und in den Vordergrund gestellt zu sehen. Der Redner sang zunächst und blieb solange verschleiert. Dann zeigte er das Gesicht und hielt dem Corregidor eine feierliche Ansprache, in der er unsere Expedition nicht vergaß. Ich bewundere täglich mehr, wie leicht und ungezwungen die mimisch hochbegabten Indios deklamieren.

Bei unserem Einzug in Calpi tanzten viele kleine Kinder zum Klang einer indianischen Trommel vor uns her. Zwei waren als gelbe Teufel mit langen Schwänzen verkleidet. Die Indios feiern niemals ein Fest, ohne den Teufel darzustellen, und sie folgen dabei keineswegs christlichen, sondern ihren eigenen, sehr ortsgebundenen Ideen.

Das Erdbeben vom 4. Februar 1797 hatte auch Calpi zerstört, das neue Haus des Pfarrers war noch nicht fertig, und so hatte er ein Provisorium herrichten lassen, um nach einfallsreichem Landesbrauch mit uns zu speisen. Dazu bespannt man die Wände und die Decke der Strohhütte mit den einheimischen Baumwollstoffen, die in sehr lebhaften Farben gemustert sind. Das sieht nicht nur hübsch aus, sondern führt einem zugleich sehr vorteilhaft die ganze Industrie des Landes vor Augen. Alle diese Baumwollzeuge stammen aus Calpi. Überhaupt ist, was den Fleiß betrifft, die Provinz so etwas wie die Schweiz oder das Holland Amerikas. Es gibt keine Nichtstuer außer den Weißen. In Guano, Riobamba, Latacunga, Ambato, Ibarra findet man in jeder elenden Indianerhütte eine Webvorrichtung oder sieht Baumwolltücher in der Farbtinktur liegen. Keine Indianerin an der Hauptstraße, die nicht damit beschäftigt wäre, Baumwolle zu entkernen oder zu spinnen. Und welche Zukunft hätte dieser Industriezweig, würden die arbeitenden Menschen, die Indios, in den Genuß der Früchte ihrer Arbeit kommen und damit ein höheres Interesse an ihr gewinnen. Aber leider! Sie sind Sklaven, ohne Freiheit, ohne Eigentum und ohne eigenes Werkzeug. Der Haziendabesitzer bezahlt ihre Steuern in Höhe von vier bis fünf Pesos jährlich und gibt jeder Familie, wenn sie darum bittet, an die zwei Zentner Kartoffeln oder Mais. Dafür berechnet er dreißig bis vierzig Pesos. Der Indio arbeitet zwölf Stunden täglich und fertigt dabei zehn bis zwölf Ellen Flanell, und da man ihm jährlich nur achtzehn Pesos dafür zahlt, steht er am Jahresende weiter in der Schuld des Herrn. Man peitscht ihn sogar ins Gesicht, tut Urin mit Salz in die Wunden, die Kinder bleiben ohne Nahrung, und da wundert man sich über die abnehmende Zahl der Indios in der Provinz. (Humboldt, Reisetagebücher)

2

Der Chimborazo ist merklich nähergerückt. Fast möchte man glauben, ihn schon mit Händen greifen zu können, so verkürzt läßt die klare Sicht den Riesen erscheinen. Als stünde er gleich hinter dem Dorf.

Vor einer der halb in den vulkanischen Boden gegrabenen Hütten aus Erde und Gras sitzen die Frauen und knüpfen und flechten *shigras*, Taschen aus Agavebast und Maisstroh. Eine säumige Bäuerin wird vom Hacendero mit Fausthieben und drohender Peitsche an ihren Arbeitsplatz getrieben.

Humboldt, ein Stück entfernt, fragt den Pfarrer:

›Was zahlt er den Frauen für ihre Arbeit?‹

›Einen Lohn‹, lautet die schlichte Auskunft.

›Was machen sie damit?‹

›Ihre Schulden bezahlen.‹ Dem Pfarrer, man sieht es, ist nicht wohl in der Haut. ›Diese Leute haben nicht den Arbeitseifer der Europäer.‹ Er blickt nach dem Haziendabesitzer, um deutlich zu machen, daß seine Antwort für dessen Ohren bestimmt ist.

›Was für Schulden?‹ bohrt Humboldt.

›Der Herr zahlt ihre Steuern.‹

›Warum tun sie's nicht selbst?‹

›Weil sie verschuldet sind.‹

Humboldt zieht ein Heft aus der Tasche, stellt einen Fuß in das Schlingpflanzengeflecht des Zaunes und macht sich auf dem Oberschenkel Notizen.

›Sie müssen für die Benutzung der Wege bezahlen. Der Viehweiden, des Wassers. Für alles, was sie brauchen.‹

›Und nicht brauchen. Oder? Mehr wahrscheinlich, als sie je verdienen können.‹

Der Pfarrer nickt resigniert. ›Der Herr‹, sagt er leise, ›erlaubt ihnen, die Schulden auf seiner Hazienda abzuarbeiten.‹

›Schafft es je einer?‹

Der Pfarrer schüttelt den Kopf.

›Also nein‹, stellt Humboldt fest. ›Nach meinem Überschlag dürfte die Schuld des Indios jährlich sogar um mehr als die Summe seines Lohnes wachsen. Er gehört mit Haut und Haaren seinem Herrn.‹

Carlos Montúfar ist der Unterhaltung verschlossenen Gesichts gefolgt.

›Die Rechnung gefällt dir nicht, wie?‹ Humboldt hält ihm das Notizbuch hin. ›Aber Gnade dir Gott, Sohn eines Hacenderos, wenn du sie in deinen Freiheitsträumen vergißt!‹

›Und du vergiß nicht‹ – Carlos blickt seinen Mentor stolz und hochfahrend an –, ›dein preußischer König behandelt seine Leibeigenen nicht anders!‹

3

Aus einer der Hütten dringt stoßendes Geschrei.

›Ayayay! . . . Ayayay . . .!‹

Bonpland weiß sofort, was die Glocke geschlagen hat, und rennt los, der Gebärenden zu helfen.

›Pacho!‹ schreit er. ›Meine Bestecktasche! Schnell! Bring eine Kerze mit!‹ Und zu einer Bäuerin neben der Hütte: ›Heißes Wasser! Agua caliente, schnell!‹

Er verschwindet im Dunkel der Hütte. Der Bauer hockt reglos.

›Es geschieht, was geschieht‹, murmelt er im Quichua-Singsang. Dann hängt er einen Topf Wasser über das Feuerchen, das er zwischen seinen Beinen unterhält.

›Pacho!‹ schreit Bonpland aus der Hütte. ›Ayúdame! Hilf mir!‹

Der Junge nähert sich zaghaft. In seinem Gesicht stehen Furcht und Ratlosigkeit. Nie hat er einen weißen Arzt bei der Arbeit gesehen. Er bleibt vor der Hütte stehen und streckt die Bestecktasche und eine Kerze weit von sich, bis Bonpland ihm beides entreißt.

Später. – Die junge Mutter wiegt ihr Neugeborenes, ins große Tragetuch geschlagen, an der Brust. Der Pfarrer benetzt die winzige Stirn. Bonpland, der sich im Rest des Wassers die Hände und Arme seift, lächelt Humboldt völlig erschöpft an.

›Es geschieht, was geschieht.‹ Und sehr ernst fügt er mit einem Blick auf den Pfarrer hinzu: ›Das Wurm wird mehr zum Leben brauchen als christliche Bekreuzigungen.‹

4

Es ist Abend geworden, und fast übergangslos breitet sich die Nacht über das Dorf. Nur für den Gipfel des Chimborazo ist die Sonne noch nicht untergegangen, das Schneehaupt leuchtet.

Humboldt, Bonpland, Montúfar, der Pfarrer, sie sitzen im Kreis der Dorfbewohner rings um eine Art Tenne, in deren Mitte Maiskolben ausgebreitet sind. Vorm Eingang zur Hütte schaukelt ein Kleinkind im *brincador*, dem indianischen Laufstuhl, der am federnden Ast eines Baumes aufgehängt ist. Der Vorsänger spielt die Panflöte und bringt Humboldt die Strophen eines Liedes über sein Ziel, den Chimborazo, dar.

Als er geendet hat, macht eine Bäuerin, die das Leben mit den Spuren biblischen Alters gezeichnet hat, sich zur Sprecherin der Comunidad. Sie spricht mit großer Bestimmtheit und mit der natürlichen Würde, die ihr das Alter diesem jungen weißen Fremden gegenüber verleiht. Über jede seiner Antworten denkt sie lange nach, ehe sie die nächste Frage anschließt.

Woher Bonpland und er kommen, möchte sie zuerst wissen. Humboldt erahnt ihre Frage mehr, als er sie versteht, und möchte gern in ihrer Sprache antworten. Doch die Worte gehen ihm schon beim ersten Versuch aus, und so vollzieht sich das Gespräch über den Pfarrer, der zwischen dem Quichua der Alten und Humboldts Spanisch vermittelt.

›Jenseits des großen Wassers sind wir zu Hause‹, steht er Rede und Antwort. ›Von dort sind wir mit dem Schiff an eure Küsten gelangt und dann viele Tage und Monde gelaufen und geritten.‹

›Warum?‹ fragt sie. ›Warum habt ihr Señores eure Heimat verlassen? Gibt es dort nichts zu essen? Keine Frauen?‹

Angstvoll gespannt wartet Pacho auf die Antwort, fast macht es den Eindruck, er wolle Humboldt helfen, sie zu finden.

›Ja, warum –?‹

Humboldt ist so sprachlos, als hätte er sich das selber nie ernstlich gefragt. Er steht auf und sucht herum und findet schließlich einen Kürbis, den er unter die Beinchen des im Brincador hüpfenden Kindes schiebt.

›Unsere Erde‹, erklärt er. ›Seht ihr?‹ Er hockt sich neben den Kürbis und zeichnet mit den Händen die Rundung der kugligen Frucht nach. ›Wir studieren sie. Denn überall auf ihr sind Menschen zu Hause, denen wir ein besseres Leben wünschen, immer satt zu essen und gesunde Kinder.‹

›Hier hat es immer zu essen gegeben‹, erwidert die Alte. ›Viele Kinder. Starke Männer. Bis der weiße Mann gekommen ist. Er ist gekommen wie du, und alles wurde schlecht.‹

›Ich bin nicht Pizarro, ich suche nicht Gold‹, entfährt es Humboldt. Er geht zurück an seinen Platz, und aller Augen, aus denen so tiefernste Fragen sprechen, folgen ihm. Er ist ratlos, wie er sich ihnen verständlich machen soll.

›Ich suche Wissen . . ., die Einheit der Welt in ihrer Vielfalt . . .‹

Die alte Bäuerin versinkt in sich selbst und bewegt seine Worte lange in ihren Gedanken.

›Wer seine Heimat verläßt‹, orakelt sie, ›den bestrafen die Götter. Kehr um, du gehst einen langen Weg in den Tod.‹

Sie legt die Hände aneinander und wendet das tief gefurchte, runzlige Gesicht empor zum Chimborazo, an dessen schwarzem Grat entlang der Mond wandert, und murmelt beschwörende Worte.

Humboldt blickt erstaunt den Pfarrer an:

›Sie spricht mit dem Berg? Erbittet seinen Frieden für mich?‹

›Si.‹

Humboldt geht durch den Kreis hinüber und beugt sich vor ihr. Sie fährt ihm kräftig über Haupt und Haar und erteilt ihm den Segen, den Vater Chimborazo in ihre Hände gelegt hat.

Zwölfte Sequenz

Humboldt schenkt einem Blumenmädchen die Welt

1

Paris (1798). – Am südlichen Ufer der Seine, gegenüber der Insel mit Notre-Dame, wimmelt es in der Maisonne auf dem Quai von Spaziergängern, Anglern, Wasserträgern, Kindermädchen, ihren unfolgsamen Pfleglingen . . . Dazu die marktschreierische Erscheinung eines Mannes, der einen Guckkasten aufgebaut hat. Den Jackenkragen aufgeschlagen, die nach vorn gekrümmten Schultern hochgezogen, die Hände bis zu den Ellenbogen in den Hosentaschen und einen kalten Zigarrenstummel im Mundwinkel, so preist er mit gelangweilter Stimme die Weltwunder an, die sich in seinem Kasten befinden.

›Venez et admirez! La chasse du dragon indien! . . . Le Mariage des Negres, venez et admirez! . . . Les Cannibales avec tête comme chiens! . . . Les premiers Indiens qui s'offrent à Christophe Colomb, venez et admirez!‹

Alexander, in Reisekleidung, sitzt auf einem Feldstuhl vor dem Kasten und läßt das Auge nicht vom Okular. Bis ein ungeduldiges Blumenmädchen von kaum fünfzehn Jahren ihn so dreist wie liebenswürdig antippt.

›Monsieur?!‹

Er macht ihr Platz, ohne sie weiter zu beachten. Er geht vor ans Wasser zu Wilhelm, der auch schon ungeduldig wartet. Er ist schlecht gelaunt, und was er im Guckkasten sah, hat ihm sein ganzes Elend vollends zu Bewußtsein gebracht.

›Was glaubst du, Wilhelm, wie satt ich es habe. Ich bin es leid, auf dieses verdammte Glücksrad geflochten zu sein, das uns bei jeder Umdrehung einmal hochträgt und einmal abwirft! Ich bin nur noch ein Sack voller zerschmetterter Knochen! Wer versperrt mir den Weg zu Ätna und Vesuv, deren Kenntnis ich zum Vergleich mit den amerikanischen Vulkanen brauche? Napoleon! Wessen Flotten verunsichern die Meere? Napoleons! Wer verlegt mir den Weg nach Ägypten, kaum habe ich die Möglichkeit gefunden, wenigstens dort einmal Palmen zu sehen? Napoleon Bonaparte! Was ist nur aus dieser Revolution der Franzosen geworden? Ein Eroberungskrieg jagt den anderen. Forster hat es kommen sehen und ist, weil er es nicht wahrhaben wollte, elendiglich draufgegangen. Hier in Paris!‹

›Zuweilen verschraubt sich dein Verstand über die Maßen‹, rügt Wilhelm.

Also zuerst von mir selbst. Seitdem ich in Salzburg meine zweite Reise nach Italien und die Zahl wichtiger Versuche, welche ich in Neapel über die gasartigen Ausdünstungen der Vulkane zu machen gedachte, aufgab, hatte ich keinen anderen Zweck als den, mich in die heiße Zone zu begeben. Du weißt, daß der alte und tolle Lord Bristol ein Schiff in Livorno gekauft hatte, welches uns mit Küche und Keller, Malern und Bildhauern den Nil herauf bis an die Katarakte führen sollte. Diese Reise nach Ägypten war verabredet (November 97), ehe Napoleon sich damit beschäftigte. Ich wollte in Paris noch einige Instrumente zusammenkaufen, als die Franzosen mir meinen tollen Lord bei Bologna wegfangen und ihn in Mailand festsetzen, damit er (da er 60 000 Pf. Sterling Einkünfte hat) ein ansehnliches Lösegeld zahlt. In Paris wurde ich aufgenommen, wie ich nie erwarten durfte und wie ich mir nur aus der Mittelmäßigkeit der Deutschen erklären kann, die sich dort gezeigt hatten. Der alte Bougainville projektiert eine neue Reise um die Welt, besonders nach dem Südpol. Er beredet mich, ihm zu folgen, und gerade damals mit magnetischen Untersuchungen beschäftigt, leuchtete eine Reise nach dem Südpol mir mehr als Ägypten ein, wohin (als ich in Frankreich ankam) Bonaparte mit seinen 10 000 Gelehrten, die sich noch vor Toulon wie die Gassenbuben zankten, bereits abgesegelt war. Mit diesen weitaussehenden Hoffnungen war ich beschäftigt, als auf einmal das Direktorium den heroischen Entschluß faßt, nicht den 75jährigen Bougainville, sondern den Cap. Baudin eine Reise um die Welt machen zu lassen. Ich höre von diesem arrêté nicht eher, als auch schon das Gouvernement mich einladen läßt, mich auf dem ›Volcan‹, einer der 3 Korvetten, einzuschiffen. Alle National-Sammlungen wurden mir geöffnet, um von Instrumenten zu sammeln, was ich wollte. Bei der Wahl der Naturalisten, bei allem, was die Ausrüstung betraf, wurde ich um Rat befragt. Viele meiner Freunde waren unzufrieden damit, mich den Gefahren einer 5jährigen Seereise ausgesetzt zu sehen, aber mein Entschluß stand eisern fest, und ich würde mich selbst verachtet haben, wenn ich eine solche Gelegenheit, nützlich zu sein, versäumt hätte. Die Schiffe waren bemastet. Bougainville wollte mir seinen 14jährigen Sohn anvertrauen, damit er sich früh an die Gefahren des Seelebens gewöhnte. Die Wahl unserer Gefährten war vortrefflich, lauter junge, kenntnisvolle, kräftige Menschen. Wie scharf jeder den anderen ins Auge faßte, wenn er ihn zum ersten Male sah. Vorher fremd und dann so viele Jahre lang einander so nahe. Das 1ste Jahr sollten wir in Paraguay und im Patagonenlande, das 2te in Peru, Chile, Mexiko und Kalifornien, das 3te im Südmeer, das 4te in Madagaskar und das 5te in Guinea zubringen. Mein Bruder und meine Schwägerin wollten mich bis in den Havre begleiten. Wir waren alle so mit der Idee vertraut, daß diese Abreise uns ein Fest schien. Welch ein unnennbarer Schmerz, als in 14 Tagen alle, alle diese Hoffnungen scheiterten. Elende 300 000 Livres und der nahe gefürchtete Ausbruch des Krieges waren die Ursachen. Mein persönlicher Einfluß bei François de Neufchâteau, der mir sehr wohl will, alle Triebfedern waren umsonst. In Paris, das von dieser Reise voll gewesen war, glaubte man uns schon abgesegelt. Das Direktorium setzte durch ein 2tes arrêté die Abreise bis zum künftigen Jahre (??) aus. Eine solche Lage, ein solcher Schmerz läßt sich nur fühlen. (Humboldt, Jugendbriefe)

Wilhelm hat Alexander zum Troste einen sogenannten Snuffbox-Sextanten gekauft, tatsächlich kaum größer als eine Schnupftabakdose.

›Der letzte Schrei‹, preist er sein Geschenk an, ›klein, aber vollkommen, mit Nonius, künstlichem Horizont und Fernröhren.‹

›Und was soll ich damit?‹

Alexander lacht böse auf, nimmt aber das Instrument, schraubt eine der kleinen Fernröhren auf und zielt auf das Türmemassiv und die Fialen von Notre-Dame.

›Er wird dir von Nutzen sein, wenn du zum Beispiel im Einbaum auf dem Amazonas schwimmst und die Flußkrümmung messen willst.‹

›Veralberst du mich?‹

Alexander schwenkt das Instrument herum auf das Gewimmel am Quai.

›Hast du vergessen, wie lange ich schon unterwegs bin, ohne meinen Zielen auch nur einen Schritt näherzukommen?‹

›Nicht einmal ein Jahr‹, beschwichtigt Wilhelm, ›was ist das schon.‹

›Das höre ich nicht zum ersten Mal von dir!‹

Er hat jetzt, in der Fernröhre auf dem Kopf stehend, die Kleine am Guckkasten im Bild. Sie ist nicht wegzukriegen und wehrt andere eifersüchtige Anwärter tapfer ab.

›Mein lieber Bruder – die großen Lebensreisen beginnen nicht erst mit dem Aufbruch, und auch die entfernt zurückliegenden Pläne haben ihre Vorgeschichte. Und dann stellt sich heraus, es war vergeudetes Leben. Alles, was dir bleibt, ist diese in den Kasten gesperrte Welt. Ich bin aber nicht irgendein Blumenmädchen!‹

Die Kleine richtet sich auf, das Geld muß ihr ausgegangen sein. Alexander kauft ihr eine Blume ab, dann eine zweite. Als er die dritte Blüte aus ihrem Korb zieht, fragt er amüsiert:

›Du bist verliebt, fillette?‹

›Oui, Monsieur.‹

›Verliebt in die Welt?‹

›Oui, Monsieur.‹

›Dann nehme ich den ganzen Korb.‹

Die großen Augen in dem frischen, wachen Gesicht strahlen ihn an. Nur einen Augenblick, dann sitzt der Backfisch schon wieder und fordert den Guckkastenmann mit Gesten der Ungeduld auf, die Kurbel zu drehen.

›Siehst du, Wilhelm? So einfach ist das: Ich kaufe ihr die Welt, und sie ist glücklich.‹

2

Die Brüder stehen in der gassenschmalen Rue du Colombier vorm Hôtel garnier ›Boston‹, in dem Alexander wohnt. Um ein hochbeladenes Fuhrwerk herum kommt ihnen das Mädchen atemlos nachgelaufen, den Korb am Arm:

›Monsieur! Monsieur!‹

Gerade, als Alexander begriffen hat, daß er die Blumen zwar gekauft, aber dann, von seinen Sorgen gequält, vergessen hat, kommt ein junger Mann aus dem Haus, noch nicht einmal im Alter der Brüder, steckt die Nase in den Korb, zieht mit spitzen Fingern eine Blüte heraus und nennt sie bei ihrem lateinischen Namen.

Das Mädchen weist kategorisch auf Alexander:

›Elles sont à lui, ce monsieur – là!‹

›Gönne sie ihm doch, fillette‹, sagt Alexander und fragt, durch die Fachbezeichnung aufmerksam geworden: ›Sie sind Botaniker, mein Herr?‹

›Botaniste et . . . Arzt. Aimé Bonpland.‹

Sie wissen, daß, wenn man beim Ausgehen seinen Schlüssel abgibt, man mit der Frau des Portiers stets einige freundliche Worte wechselt. Dabei begegnete ich oft einem jungen Manne mit einer Botanisiertrommel, das war Bonpland; so wurden wir bekannt. (Humboldt, Gespräche)

Alexander ist so erregt, daß er alle Höflichkeit vergißt und die Vorstellung nicht erwidert. Die beiden jungen Männer lächeln sich über den Korb hinweg an und fassen sich gleichwohl scharf ins Auge. Als Bonpland schließlich geht, nicht ohne dem Mädchen schnell noch einen Klaps auf den hübschen Hintern zu geben, blickt Alexander ihm solange nach, bis der Verkehr in der Gasse ihn verschluckt hat.

›Wilhelm! Hast du gehört? Ein Botaniker, der geliebte gute Pflanze heißt! Ich bin augenblicklich rasend abergläubisch. Das *muß* ein gutes Omen sein!‹

Aimé Bonpland (1773–1858), Humboldts südamerikanischer Reisegefährte. Stahlstichkopie von August Weber nach Pellegrini.

Dreizehnte Sequenz

Die Schneewaschung

Provinz Chimborazo (1802). – Einen letzten Andenpaß muß die Karawane überwinden.

Humboldt, Bonpland und Montúfar, von ihrer Arbeit immer wieder aufgehalten, haben zu Pferde aufgeschlossen und recken sich im Sattel, denn da vorne geht es plötzlich nicht weiter. Drei den oben frisch beschneiten Hang herabkommende Indios versperren in feindseliger Haltung den Weg. Ein Vater mit zwei fast erwachsenen Söhnen.

›Qué quieren?‹ ruft Humboldt. ›Was wollen sie?‹

›Dicen que atraemos malos espíritus a su tierra‹, ruft Pacho zurück.

›Wer bringt böse Geister in ihr Land – wir?‹ Humboldt ist nicht gewillt, das ernst zu nehmen, und lächelt seine Gefährten an.

Aber die drei Indios nehmen es ernst. Sie verlangen, es sollen sich alle ausziehen. Zur Geisteraustreibung. Mit ihren Knüppeln drängen sie jeden, der vorbei will, zurück; sie zerren an den Ponchos der Träger und Treiber und schlagen ihnen die Hüte vom Kopf. Humboldts Leute, mühselig kletternd, nach Atem ringend, haben trotz ihrer Überzahl keine Chance und fügen sich in ihr Geschick.

Die Páramo-Indios pflegen den Brauch, jedermann im Schnee zu waschen, der erstmals in ihre Einöde kommt. Ein alter Brauch. Die Indianer der verschiedenen Nevados haben einen fürchterlichen Abscheu voreinander. Welche Todesangst unserer Leute. Am Morgen mußten sie in grausamer Kälte das Schneebad über sich ergehen lassen. Wir selbst entgingen durch die Macht des Geldes mit knapper Not der Prozedur. (Humboldt, Reisetagebücher)

Die drei Indios stoßen ihre nackten fremden Brüder in den Schnee und waschen ihnen die mageren Rücken. Pacho hält besorgt das Barometerfutteral über den Kopf.

›Das hält kein böser und kein guter Geist aus‹, beurteilt Bonpland die Prozedur. ›Mir ist verdammt kalt!‹

Montúfar hat eine Idee. Er zieht eine Münze aus der Tasche, fuchtelt damit bedeutungsvoll vor Humboldts Nase und rutscht aus dem Sattel. Er arbeitet sich durch die Karawane nach oben.

Humboldt verfolgt den Vorgang mit gereiztem Interesse.

›Willst du dich lieber ausziehen und im Schnee backen lassen?‹ fragt Bonpland.

›Hast du Angst vor einer Lungenentzündung?‹

Grimmige Zufriedenheit breitet sich über Humboldts Gesicht, als der Vater Montúfar das Geldstück aus der Hand schlägt und in den Schnee tritt. Und bitterer Zorn malt sich in seinen Zügen, als Carlos mit weiteren Münzen lockt und die Geisterfurcht des bettelarmen Indios schließlich betäubt.

›Erledigt.‹ Carlos steigt wieder aufs Pferd. ›Vorwärts.‹

›Du kannst stolz sein!‹ fährt Humboldt ihn an.

›Europeo!‹ gibt Carlos verächtlich zurück.

Das läßt Humboldt sich nicht bieten. Jetzt arbeitet er sich nach oben. Die drei Nevadobewohner halten ihn nicht auf. Er kniet sich hin und schaufelt sich wütend den Schnee ins Gesicht. Als er aufschaut, ist dicht vor ihm Montúfars Kopf, der die Herausforderung angenommen hat und ihm gefolgt ist. Die Augen der Kampfhähne bohren sich ineinander, und geradezu wollüstig klatschen sie sich zu mit dem nassen, zertretenen, schmutzigen Schnee.

Vierzehnte Sequenz

Der zweite Kolumbus

1

Madrid (1799). – Hoch und steil reckt sich über den Gärten des Campo del Moro die kolossale Masse des königlichen Palastes und muß dem Menschlein, das da unten im Grase sitzt, erscheinen wie eine uneinnehmbare Festung.

Nicht Humboldt.

›Es ist ein schlechter Witz!‹ empört er sich. ›Mein Leben hängt am seidenen Faden einer Entscheidung des spanischen Königs! Wieso muß ich einen König fragen, wohin ich reisen darf?‹

›C'est la vie.‹

Bonpland zuckt die Achseln; er untersucht mit der Lupe ein Blatt, das er, unbekümmert ob der mißtrauischen Blicke eines königlichen Hellebardiers, von einem überseeischen Strauch geknipst hat.

›Ich reise für *mein* Geld! Ich reise einzig und allein zu wissenschaftlichen Zwecken! Wofür die Menschheit mir noch einmal dankbar sein wird!‹

›Laß es die Padres der Inquisition nicht hören. Gut, daß du Gönner hast bei Hofe. Ist der König überhaupt da?‹

›Nicht hier. In Aranjuez, ihrer Frühlingsresidenz, sind die Herrschaften. Morgen kutschiere ich hin und trete vors Antlitz der Katholischen

Majestäten. Aber auf die Knie werde ich nicht fallen. Und wenn sie glauben, zur Linken und Rechten Gottes zu thronen, so werde ich mit ihnen reden wie der liebe Gott selber.‹

Dem Katholischen König ist eine solche Neugierde angewandelt, einen Menschen zu sehen, der aus dem weitesten Norden seine andere Welt besuchen will, daß Forell mir rät, diese Neugierde bald zu befriedigen. (Humboldt, Jugendbriefe)

Der König sieht leibhaft wie ein preußischer Oberförster aus, rüstig, ehrlich, brüsk. Er ist groß und stark. Die Königin scheint gebildeter zu sein, ist aber fürchterlich häßlich. Er, die Königin und die meisten Prinzen essen allein. Der Marquis de Santa Cruz steht als Majordomus hinter seinem Stuhl. Der Patriarch gegenüber, um das Gebet nach Tisch zu verrichten. Zwei Granden stehen zur Seite, dem König zu trinken zu reichen. Einer hält den Teller, der andere steht leer dabei. Wenn er fordert, knien beide nieder und knien, solange er trinkt. Die Königin läßt niemand bei ihrem Essen zu, weil sie, wie man sagt, mit falschen Zähnen, die sie trägt, zu tun hat.

Die Zeremonie des sogenannten Handkusses geschieht sechsmal im Jahr. Der König sitzt alsdann in einem großen Saal an einem mit einer reichen Sammetdecke bedeckten Tisch. Auf der anderen Seite des Tisches sitzt die Königin, gegenüber sind die Garden und Hofbedienten und zur Seite hinter dem König die Gesandten und Fremden, von welch letzteren ich jetzt wohl ziemlich der einzige war. Der König und die Königin sind mit Diamanten überdeckt. Alles, was sonst an einer Mannskleidung von Stahl oder Metall zu sein pflegt, Knöpfe, vier Sterne neben- und untereinander, die Agraffe des Huts und des Ordensbandes auf den Schultern, das Degengefäß, der Stockknopf, die Schnallen etc., alles ist von Diamanten, und die Königin trägt ihrer so viel auf dem Kopf, daß es sie in der Tat sehr inkommodieren muß. So werden die Türen des Saals geöffnet, und nun kommen diejenigen, welche dem König die Cour machen wollen, hinein und küssen mit einer Kniebeugung dem König und der Königin die Hand. Diesmal waren nur etwa dreihundert Personen zum Handkuß gegenwärtig, sonst aber hat man bis sechshundert und darüber gezählt. Auch soll sich die Königin nicht übelnehmen, manchmal zu sagen: ›A présent je m'en vais laves toutes ces cochonneries‹. [Jetzt wasche ich mir die ganze Schweinerei erst mal ab.]
(Wilhelm von Humboldt, Tagebuch/Caroline von Humboldt, Briefe)

2

Aranjuez. – Nichts als ein weiter, steinerner Platz. Und da, wo er endet, perspektivisch klein die Frühlingsresidenz. Und ein junger Mann, der festen, entschlossenen Schrittes über den Platz und auf das Schloß zuschreitet. Nach dem Personalpapier, das er bei sich trägt, zählt er neunundzwanzig Jahre, ist fünf Fuß und vier Zoll hoch, hat hellbraunes Haar, graue Augen, eine starke Nase und einen ziemlich großen Mund (sic!), das Kinn ist gut geschnitten, die offene Stirn mit Blatternarben bedeckt. Alexander von Humboldt. Er sucht die Entscheidung seines Lebens.

3

Der Wartesalon ist erfüllt vom Ticken, Klingeln, Schlagen, Zirpen, Surren und Schnurren vieler kunstvoller Uhren. Spanischer Adel unterschiedlichen Ranges, Alters und Geschlechts steht ergeben und schweigend und mit erloschenen Hoffnungen in den Augen herum. Ein zusammengewürfeltes Häufchen seit ewigen Zeiten abgewiesener Bittsteller. Sie messen den jungen Fremden, der unter dem Bild der von Goya in Lebensgröße gemalten Majestäten – Carlos IV. und Maria Luisa von Parma – sich aufgestellt hat, mit feindseligen Blicken, weil sie nicht wissen, ob er ihnen die Brosamen wegschnappen wird, weil er vor ihnen aufgerufen wird – und weil er fremd ist. Schlimmer ist nichts.

›Barón Alejandro de Humboldt!‹

4

Ungemein selbstbewußt tritt Humboldt in den Speisesalon und achtet nicht auf die Gesten der Granden, die ihm bedeuten sollen, in welcher Entfernung vor der königlichen Tafel er stehenzubleiben habe. Er kennt seinen Platz.

Er wird von den Majestäten eingehend gemustert und mustert seinerseits die Majestäten nicht weniger gründlich. Sie scheinen dem Bilde des Meisters draußen entstiegen.

Die brechende Tafel ist verwüstet, man ist schon beim Nachtisch: bei exotischen Früchten, die er nie gesehen, und *flan*, dem spanischen Flammeri mit Karamelsauce, an dem er sich, seit er in Madrid ist, täglich wie ein Kind überfrißt. Er liebt Süßigkeiten und verdreht ein wenig die Augen. Lächelt die Königin nicht?

Mit einer Handbewegung gebietet der König ihm, zu sprechen.

›Meine Wünsche‹, sagt er, ›sind Euer Majestät bekannt.‹

Carlos IV. ist etwas überrascht. Er ist endlose Lamentos der Bittsteller gewöhnt. Er stößt das Obstmesserchen auf den Tisch, worauf sich das lange und langweilige Ritual des Dar- und Weiterreichens von Karaffen vollzieht, um das verlangte Glas Wein an die königlichen Lippen zu befördern. Humboldt kann unterdessen auf alle hinabsehen, die kniefälligen Ordensritter und das sitzende Herrscherpaar. Er allein steht. Das paßt zu seiner Rede, die ist auch von oben herab:

›Dreihundert Jahre liegt es zurück, daß die Schiffe des Kolumbus an amerikanischen Küsten landeten. Doch wissenschaftlich ist der Kontinent noch immer unerforscht. Vor Ihnen steht der Wiederentdecker Amerikas, der zweite Kolumbus. Vom ersten unterscheidet mich außer den Zwecken, daß ich als Privatmann reise, mit eigenem Vermögen, ohne Auftrag irgendeiner Macht.‹

Der König gebietet ihm Schweigen und lauscht offenen Mundes auf den Chor seiner Lieblinge, der Uhren. Irgendeines der Stimmchen scheppert. Da ist er plötzlich ganz schlicht und braucht niemanden, der ihm aus dem Sessel hilft. Er steht einfach auf und öffnet das Uhrwerk, um die Ursache des Stimmbruchs zu beheben.

›Huulbald?‹ fragt er lächelnd.

›Humboldt, Majestät.‹ Alexander ist schlimmere Verballhornungen gewöhnt. ›Einfach Humboldt.‹

›Si, si. El Despacho Universal de Gracia y Justicia de España é Indias . . . Wie heißt deutsch?‹ Stolz und spitzbübisch: ›Ich kann deutsch!‹

›La gracia – die Gnade.‹

›Ah –!‹ Der König läßt sich das Wort auf der Zunge zergehen: ›Die Gnade . . .‹

›Sie haben wunderschöne Uhren, Majestät.‹

›Si, si.‹

›Viel schöner als meine wissenschaftlichen Instrumente.‹

›Instrumentos?‹ Maria Luisa von Parma zerfleischt mit den Fingern eine Frucht. Der träge Schlafzimmerblick der Fünfzigerin ruht auf diesem jungen, selbstbewußten Eindringling, seit er hereingekommen ist. ›Quiero ver sus instrumentos.‹

›Mit dem allergrößten Vergnügen, Königin. Wenn Sie es wünschen, zeige ich Ihnen *alle* meine Instrumente.‹

Maria Luisa, während sie sich von einem Pagen die klebrigen Finger säubern läßt, tauscht einen Blick mit dem König, den er nur zu gut versteht. Immer hat sie ihn im Interesse ihrer Günstlinge regiert. Und so erfährt Humboldt aus dem Munde Carlos IV., daß die überseeischen Beamten allesamt Befehl erhalten werden, Herrn Humboldt – oder Huulbald? – in allen spanischen Besitzungen höflichst zu empfangen.

Paß des Indienrats

Da der König Herrn Huulbald aus Preußen und seinem Sekretär die Erlaubnis gegeben hat, nach Amerika zu gehen, um seine Bergwerksstudien fortzusetzen und sich in der Kenntnis anderer Entdeckungen zu vervollkommnen –

Befiehlt Seine Majestät den zur Untersuchung aller aus Indien einlaufenden Schiffe angestellten Beamten aller spanischen Häfen und den sonstigen Personen, die es angeht, ihm keine Hindernisse zu bereiten, so daß er sich zwecks genannter Bestimmung bei ihm passender Gelegenheit einschiffen kann: dazu stelle ich vorliegenden, von meiner Hand unterzeichneten Paß aus.

Aranjuez, 18. März 1799 J. A. Caballero

Paß des Ersten Staatssekretariats

Der König, den Gott erhalte, hat beschlossen, Herrn Alexander Friedrich Baron von Humboldt zu gestatten, in Begleitung seines Gehilfen oder Sekretärs Alexander Bonpland nach Amerika und anderen überseeischen Besitzungen seiner Dominions zu gehen, um seine bergmännischen Studien fortzusetzen und nützliche Sammlungen, Beobachtungen und Entdeckungen für den Fortschritt der Naturwissenschaften zu machen: deshalb befiehlt Seine Majestät den Generalkapitänen, Kommandanten, Gouverneuren, Intendanten, Oberrichtern und allen Justizbehörden und

Personen, die es betrifft, dem besagten Herrn Alexander Friedrich Baron von Humboldt auf seiner Reise kein Hindernis in den Weg zu legen, noch ihn aus irgendeinem Grund in den bezeichneten Gebieten am Transport seiner Instrumente und Apparate für Physik, Chemie, Astronomie und Mathematik, an den Beobachtungen und Experimenten, die er für nützlich hält, am freien Sammeln von Pflanzen, Tieren, Samen und Steinen, an Höhenmessungen der Berge oder der Untersuchung ihrer natürlichen Beschaffenheit, an astronomischen Beobachtungen zu hindern, ganz im Gegenteil befiehlt der König, daß alle Personen, die es angeht, besagtem Herrn Alexander Friedrich und seinem Gehilfen jeden Gefallen tun, ihnen jede Hilfe und jeden Schutz gewähren, die sie brauchen; ferner verordnet und befiehlt Seine Majestät allen Personen, die ihr Amt dazu verpflichtet, daß sie entgegennehmen und nach Europa verschiffen, an dieses Erste Staatssekretariat und bestimmt für das Königliche Naturgeschichtliche Kabinett, alle mit Naturprodukten dieser Geschichte gefüllten Kisten, die ihnen von besagtem Herrn Alexander Friedrich Baron von Humboldt übergeben werden sollten, der sich verpflichtet hat, solche Erzeugnisse zu suchen und zu sammeln und das Königliche Naturgeschichtliche Kabinett und die Königlichen Gärten zu bereichern, das ist der Wille Seiner Majestät.

Aranjuez, 7. Mai 1799 L. de Urquijo

Ich erhielt, was Spanier selbst für unmöglich hielten, die vollste Erlaubnis, mit allen Instrumenten, wie ich will, in allen spanischen Kolonien zu arbeiten, zu messen. Welch ein Glück ist mir eröffnet! Mir schwindelt der Kopf vor Freude. Welchen Schatz von Beobachtungen werde ich nun nicht zu meinem Werke über die Konstruktion des Erdkörpers sammeln können! Der Mensch muß das Gute und Große wollen. (Humboldt, Jugendbriefe)

Coruña, am 5. Juni 1799 – Meinem Plane, eine große naturhistorische Reise zu unternehmen, getreu, lief ich bis ans Ende von Europa. In wenigen Stunden segeln wir um das Kap Finisterre. (Humboldt, Jugendbriefe)

Alexander ist, wie Sie jetzt gewiß schon wissen, den 5. Juni von Coruña auf einem spanischen Schiff unter Segel gegangen. Bei seiner Abreise trug er mir noch die herzlichsten Grüße an Sie und Schiller auf. Er macht eine einzig schöne Reise und ist ein glücklicher und beneidenswürdiger Mensch. Es ist selten, daß das Schicksal einen Menschen so begünstigt, das zu werden, wozu ihn die Natur bestimmt hat, und noch seltener, daß ein Mensch selbst diese Bestimmung so früh und so ganz findet. Er hat sich nie einen einzigen Augenblick von seinen Lieblingsstudien abbringen, nie auf seinem Wege irremachen lassen. Bis in seine frühe Kindheit hinein kann ich diesen Charakterzug in ihm verfolgen. (W. v. Humboldt an Goethe)

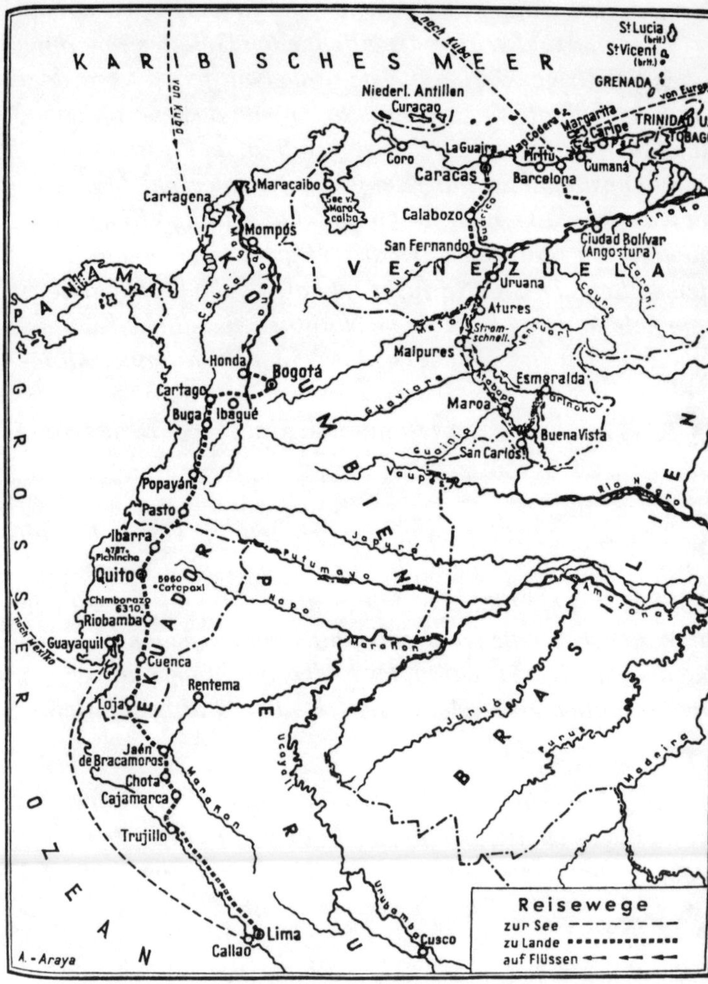

Die Reisewege Humboldts in Südamerika

Fünfzehnte Sequenz

Aug' in Auge mit Taita Chimborazo

Die Besteigung

1

Die letzte menschliche Ansiedlung. Sie liegt schon an den Abhängen des Vulkans und ist so etwas wie das Vorwerk eines tiefer gelegenen Dorfes. Es ist früher Morgen.

Humboldt taumelt aus einer der wenigen Hütten. Er bleibt einen Augenblick stehen in dem sauber und exakt in die schwarze Erde gestochenen Eingang und schüttelt die Schlaftrunkenheit ab. Viel werden sie heute nicht arbeiten, denn morgen –! Er wagt nicht weiterzudenken. Doch die Augen lassen es sich nicht verwehren, sie wandern die zerklüfteten, zerrissenen Flanken des Riesen hinauf, die Geröllzüge, die Messerrücken der felsigen Grate, queren die Gletscherzungen, die Grenzen des ewigen Schnees . . . Der Gipfel ist umhüllt von brodelnden Wolken.

Mond und Venusberge! Wann werden wir diese Reise unternehmen, unsere Kultur, das heißt das Gemisch unserer Laster und Vorurteile über andere Planeten verbreiten und sie veröden, wie Europäer beide Indien entvölkert und verheert haben. (Humboldt, Reisetagebücher)

Er weckt Pacho und einen Träger, die in Ponchos und Matten gehüllt neben der Hütte schlafen und sich aneinander wärmen. Ein paar Hennen stolzieren gemessenen Tritts über die Menschenleiber, als gehörten diese zur Landschaft.

Er bückt sich, gefesselt vom lieblichen Anblick einer winzigen, weißen, sternförmigen Blüte im schwarzen Ascheboden. Wie tapfer sie ist, alles erträgt sie, die ungeheure Höhe, tausende Meter über der europäischen Baumgrenze, den fegenden Wind, die Kälte.

›Tane‹, sagt Pacho. ›In unserer Sprache heißt sie tane.‹

Bonpland zeichnet ein angepflocktes Lama. Dann löst er den Strick, um die Schulterhöhe und die Länge zu messen. Das Lama wehrt sich mit Klagelauten, die an das Miau einer heiseren Katze denken lassen.

Carlos Montúfar baut den Theodoliten auf und wartet auf ein Wolkenfenster, um Winkel zu messen. Anderes weiß er nicht mit sich anzufangen.

Humboldt auch nicht viel mehr. Er zählt eine Schafherde, die vorüberwandert. Die Hüterin trägt ein Kind auf dem Rücken, ein zweites eilt ihr im Trippelschritt zur Seite; ohne im Laufen einzuhalten, hebt sie noch ein Lamm auf den Arm, das der Herde nicht folgen kann, und bei alledem dreht sie die Handspindel. Humboldt besieht kritisch die eigenen Hände, die, Gott weiß es, doch nicht ungeschickt sind.

Er spielt mit dem Fernrohr und erwischt, als er in diese und jene Richtung peilt, Pacho beim Flirten. María heißt das Mädchen. Sie kauern in der Vertiefung eines Hütteneingangs, unter dem kalten Wind ganz in die Erde geschmiegt. Die neugierige María faßt nach dem Lederfutteral auf Pachos Rücken, immer wieder, sie gibt keine Ruhe, sie will wissen, was darin ist. Pacho wehrt ihre flinken Finger ab, was aber nur dazu führt, daß ihrer beider Hände sich finden. Damit hat sie schon gesiegt. Pacho erlaubt ihr, den Köcher zu öffnen und das Barometer einige wenige Zoll herauszuziehen.

2

Nach Mittag. Es ist wärmer geworden, sonniger, weniger windig.

Humboldt sitzt am Hang zwischen jungen Bäuerinnen und Bauern des Vorwerks. Natürlich haben sie ihre Kinder mitgebracht. Er will diese letzten Ruhestunden nutzen, sein kleines Quichuavokabular zu erweitern und versuchen, die Wörter nach dem Hörensagen aufzuschreiben.

Was mich am meisten erstaunt hat, das ist die außerordentliche Leichtigkeit, mit der sie die Wörter aller Sprachen aussprechen. Welche Zungenfertigkeit, welche Geläufigkeit! Ich habe ihnen Sätze von vier, fünf Wörtern in deutsch, französisch und englisch vorgesprochen, und sie wiederholten sie schon beim ersten Versuch mit einer Deutlichkeit, als wären sie an diese Sprachen gewöhnt. Auch am Spanischen fanden sie so großes Vergnügen, daß sie alles, was wir in ihrer Gegenwart miteinander sprachen, fortgesetzt Wort für Wort wiederholten. Mit der gleichen Leidenschaft versuchen sie, ihre eigene Sprache zu lehren. Hat man erst einmal begonnen, ihnen durch Zeichen Worte abzufragen, um es zu einem gewissen Vokabular zu bringen, so bestürmen sie einen, darin fortzufahren. (Humboldt, Reisetagebücher)

›Ojo‹, sagt Humboldt und zeigt auf seine Augen, ›en español: ojo. En quichua?‹

›*Ñawi*‹, wird ihm zugerufen.

›*Ñawi*?‹ Er schreibt es auf. ›En alemán: Auge.‹

›Auge –!‹ Fast andächtig wiederholen die Indios das Wort, sie geben es einer an den anderen weiter, sie wetteifern miteinander, manche belächeln das Wort.

›*Rinri*!‹ ruft einer und zieht seinen Nachbarn am Ohr, und dieser zieht ihn dafür an der Nase: ›*Senqa*!‹. Und beide, sie sprechen und verstehen etwas Spanisch, verlangen: ›En alemán, en alemán!‹

So drehen sie den Spieß um, Humboldt muß Einhalt gebieten, sonst haben sie die fünf Sinne eher in Deutsch zusammen als er in Quichua. Es wird eine der bewegendsten Stunden für ihn. Über die Sinne und ihre einfachen Funktionen gelangen sie gemeinsam, ohne es beabsichtigt zu haben, zu Sinn und Sein. Mit Blut beginnt es, *yawar*, und auf einmal nennt ein Bauer ihn *wawqe*, Bruder.

›*Wawqey*‹, sagt er: *mein* Bruder.

›*Turi*‹, sagt des Bauern junge Frau, ›*turiy*‹, *mein* Bruder.

Und Humboldt weiß, daß er in diesem Augenblick mehr erfährt als nur den Unterschied, den das Quichua zwischen Brüdern männlicher und weiblicher Personen macht. Er empfängt Brüderlichkeit.

Noch lange lernen sie voneinander, was Mann, Frau, Kind, Familie in seiner und in ihrer Sprache heißt, Sterben und Tod werden beredet. Und Leben – ihr Dasein, das in so tief unterschiedlichen Formen und Zwecken verläuft und von Kulturen geprägt ist, die einander so fremd sind und doch so menschlich ineinander aufgehen können, wenn man nur guten Willens ist.

3

Den Abend verbringt Humboldt allein. Er sitzt an einem Feuerchen, das er sich aus den harten, holzigen Chuquirahua-Sträuchern entzündet hat, die hier oben kaum größer werden als eine Fingerspanne. Die Entscheidungen für morgen sind getroffen. Mit ihm, Bonpland und Carlos Montúfar werden noch drei kräftige Träger die Besteigung des Chimborazo in Angriff nehmen. Und Pacho. Er hätte seinen treuen Barometerträger lieber hier in Sicherheit gewußt. Aber er weiß, wie endgültig es den Jungen kränken würde, ließe er ihn zurück.

›*Paqarin, taita Chimborazo*!‹ Dann auf morgen, Vater Chimborazo!

4

Der Tag ist hell geworden, dieser 23. Juni 1802, und noch sind sie alle beisammen, die wenige Stunden nach Mitternacht aufgebrochen sind. Die Reittiere – Humboldt hat, gegen Montúfars kreolischen Stolz, auf Maultieren bestanden –, die Mulas also haben schwer zu schaffen in dem in Jahrtausenden staubfein verwitterten Bimssteinsand. Der Wind entführt den Indios die Hüte, ein Schauspiel, das Humboldt schon so oft erlebt hat und ihn doch immer wieder zum Lachen bringt.

Der Wind fiel so stark über diesen Kamm, daß man fast nicht wieder in den Satttel kam, wenn man einmal abgestiegen war, um Pflanzen zu pflücken oder das Gestein zu untersuchen. Die Hüte flogen kirchturmhoch in die Luft, aber glücklicherweise wehte der Wind in Stößen, zwischen denen sie senkrecht wieder herabfielen. (Humboldt, Reisetagebücher)

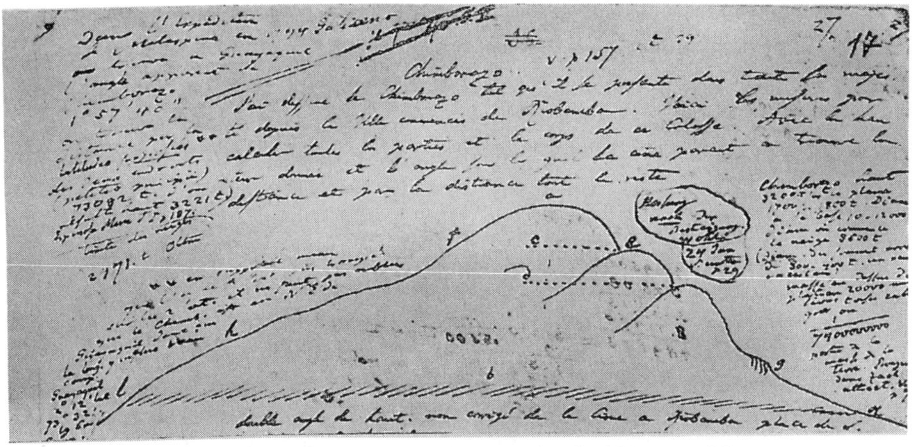

Schematische Skizze des Chimborazo mit Andeutung der drei Hauptgipfel zur Erläuterung der Höhenmessung. Von Alexander von Humboldt.

Sie sind jetzt schon mitten im *cascajal*, das heißt, auf einer Höhe, wo es bis auf kleine Inseln, keine Vegetation mehr gibt und der nackte Porphyrfels zutage tritt. Sie haben die Mulas längst mit einem der Träger zurückgelassen und stapfen bergan über zertrümmertes, von geschmolzenem Schneewasser herabgeschwemmtes Geröll. Hier bleiben auch die restlichen zwei Träger zurück. Hinter einem großen Felsbrocken suchen sie aneinandergekauert Schutz vor der durchdringenden Kälte und dem heulenden Wind. Pacho bedenkt sie mit einem vorwurfsvollen Blick.

›Das verstehst du nicht‹, bekommt er zu hören, ›du bist noch zu klein. Der Berg erlaubt es nicht, ihm so nahe zu kommen.‹

Aber auch Pacho versagen bald die Kräfte. Und Humboldt. Allen. Die Arbeit, die geleistet werden muß, wird ihnen fast zur Ausrede für immer längere Pausen beim Aufstieg. Im Liegen entfacht Humboldt mit Pachos Hilfe ein Feuerchen; sie schichten Auswurfgestein zusammen, um den Chuquirahuastengeln Halt zu geben, an die sie ein Gefäß mit Wasser hängen. Humboldt will thermometrische Auskunft über die jetzt erreichte Höhe und muß dazu den Siedepunkt des Wassers messen. Bonpland sticht mit dem Messer ein winziges Kraut aus. Er liegt auf den Knien und ringt so heftig um Atem, daß sein Oberkörper hoch- und niedergeworfen wird. Es sieht aus, als verbeuge er sich ein über das andere Mal vor dem Pflänzchen.

Am 23. Juni 1802 nahmen wir den Chimborazo in Angriff. Er gilt als sehr friedlich, weil sein hartes Gefels bei keinem Erdbeben wankt, weil er kraterlos ist. Der Tag war düster und neblig, wir sahen den Gipfel nur gelegentlich. In der Nacht zuvor hatte es tüchtig geschneit.

Wie alle großen Nevados hatte auch der Chimborazo einst an seinem Fuß große Seen in mehreren Stufen übereinander gebildet, die man heute, ausgetrocknet, als unermeßliche Ebenen vorfindet. Das sind die Llanos Luisa und, auf 3700 Meter, der große Llano von Sisgun. In letzterem beabsichtigte ich, die bis zum Gipfel verbleibende Höhe zu messen. Das Gelände ist ausgezeichnet und bietet eine glatte und ausgedehnte Basis. Ich hatte den Sextanten und den künstlichen Horizont mitgenommen, aber das schlechte Wetter verhinderte alles. Auf 4050 Meter liegt die kleine Lagune von Yanacocha, ein kreisrundes Becken. 290 Meter höher beginnt der nackte Fels zutage zu treten, in einer seltsam schwammigen Art, fast wie Koks. Hier stieg ich vom Maultier, und wir marschierten über viereinhalb Stunden im Schnee. Unsere Begleiter blieben bis zur Grenze des ewigen Schnees im Sattel. Versteinert von der Kälte ließen sie uns im Stich; nur Bonpland, Carlos Montúfar und drei Indios mit dem Barometer und anderen Instrumenten folgten mir weiter. Die Indios blieben auf nahezu 5000 Meter schließlich auch zurück, trotz aller unserer Vorhaltungen. Sie versicherten, vor Atemnot sterben zu müssen, und dabei hatten sie uns noch vor wenigen Stunden mitleidig betrachtet und gesagt, allein würden die Weißen es nicht bis zum Schnee hinauf schaffen.

Wir gelangten höher, als ich gehofft hatte. Wir fanden ein Felsband, einen sehr bedenklichen Grat von kaum fünf bis sechs und manchmal nicht zwei Zoll Breite. Zur Linken fiel der Hang, von einer Firnkruste überzogen, erschreckend steil ab. Zur Rechten lag kein Krümel Schnee, dafür war diese Hangseite mit großen Felstrümmern übersät. Wir durften wählen, ob wir uns an diesen Blöcken, die uns in drei- oder vierhundert Metern Tiefe hübsch empfangen würden, die Glieder zerschmettern oder lieber auf der anderen Seite über das Eis in einen noch tieferen Abgrund sausen wollten. Letztere Aussicht schien uns die schlimmere. Die Kruste war dünn, man würde im Schnee begraben werden ohne jede Hoffnung, das Tageslicht wiederzusehen. Darum hielten wir den Körper immer ein wenig nach rechts geneigt. Wir vergnügten uns damit, Steine über das Eis rollen zu lassen. Wir verloren sie oft aus den Augen, ehe sie zum Stillstand kamen. Über unseren Grat zogen sich die gleichen Geröllreihen, wie sie uns schon vom Antizana her vertraut waren. Diese Ähnlichkeit und die verbrannte Materie, die wir auf Schritt und Tritt fanden, ließen keinen Zweifel, daß wir direkt über Eruptionsgestein aufstiegen. Es wurde bald so steil, daß wir nur mehr auf allen vieren vorwärtskamen. Wir verletzten uns an den spitzigen Steinen, unser aller Hände und Füße bluteten. Man wollte sich festhalten an einem Felsstück, statt dessen brachte man es in dem feinen Sand in Bewegung und gefährdete sich mehr als durch das Hinfallen, das man zu vermeiden trachtete. Wir meinten, inzwischen fast so hoch wie am Antizana zu sein. Das Barometer zeigte 5540 Meter an.

Wir fanden uns noch ausreichend bei Kräften, obwohl wir vor Kälte kaum noch die Füße spürten, das Schneewasser war uns in die miserablen Stiefel gelaufen, die man hierzulande macht. Wir stiegen weiter, der Grat flachte ab, aber die Kälte nahm mit jedem Schritt zu. Wir litten rasend unter Atemnot, und noch schlimmer quälte uns der Brechreiz. Ein Bauer aus San Juan, der uns besten Willens folgte, ein sehr robuster Mann, versicherte, er habe sich sein Leben lang nicht so schlecht im Magen gefühlt. Außerdem bluteten wir aus dem Zahnfleisch, aus den Lippen, das Weiß unserer Augäpfel war blutunterlaufen. Bei Carlos Montúfar, er besaß den blutvollsten Körper, zeigten sich die Phänomene am erschrekkendsten. Wir fühlten Kopfschwäche, einen dauernden, in unserer Situation sehr gefährlichen Schwindel. Der Nebel wurde undurchdringlich. Der Geröllzug hörte nicht auf, und so hatten wir doch einen Schimmer Hoffnung, das Ziel zu erreichen. Wir erkannten einmal wieder, und zwar ganz nahe, den domförmigen Gipfel des Chimborazo. Es war ein ernster, großartiger Anblick. Wir kletterten noch eine halbe Stunde. Doch eine wenigstens 175 Meter tiefe und etwa 20 Meter breite Kluft beendete den Aufstieg. Hier waren uns die Säulen des Herkules gesetzt. Wir standen auf 5920 Meter Höhe, also über den Gipfeln von Antizana und Cotopaxi. Es fehlten uns nur noch 390 Meter. Unser Haar, unsere Bärte und Brauen waren vereist. Mit größter Sorgfalt nahmen wir Luftproben.

Kann man höher gelangen? Von dieser Seite schwerlich. Der Zug von Ausbruchsgeröll setzt sich jenseits der Kluft fort, die folglich jünger sein muß als die Eruption, durch die sie entstand. Aber wie eine Brücke von zwanzig Metern schlagen, wie da hinüberkommen? Und selbst angenommen, es gelänge, der Gesteinszug endet wahrscheinlich gar nicht auf dem Gipfel, obgleich ein Krater, von dem er sich herabzieht, sehr dicht daran liegen müßte. Durch das Fernrohr haben wir gesehen, daß der Gipfel vollkommen beschneit ist, nirgendwo tritt nackter Fels hervor. In den europäischen Alpen läuft es sich gut auf dem Schnee. In dem schärferen Frost, der dort herrscht, gefriert er entweder von oben oder von unten her und trägt einen Menschen. Im Schnee der Provinz Quito kann man zehn

Meter tief einsinken, wir haben es am Antizana erfahren, am Pichincha und vor allem hier am Chimborazo, wo Carlos Montúfar sich einmal fast im Schnee verloren hätte. Zweifellos gibt es auch in den hohen Anden steinharte Stücke, ein Gemisch aus Eis und Schnee; wer hier nur kennt, wessen man sich für die Eisgetränke bedient, bildet sich ein, die Gipfel der Nevados bestünden ganz aus diesem versteinten Schnee. Aber davon kann nicht die Rede sein, er nimmt überall nur ein kleines Gebiet ein, und was die Nevados hauptsächlich bedeckt, ist wie Stärkemehl oder ähnelt dem frischgefallenen Schnee in Frankreich . . . Das, glaube ich, ist dem Erreichen des Chimborazogipfels hinderlicher als die Atemnot. Es ging uns zweifellos sehr schlecht in 5920 Meter Höhe, doch uns allen schien, selbst wenn es noch ärger käme, blieben wir bewegungsfähig. Eigentlich ist schwer zu beurteilen, in welchem Grad die Schwierigkeiten zunehmen, und es könnte durchaus geschehen, daß einem die Lungengefäße bersten und man einen Blutsturz erleidet. Und welchen Nutzen zöge man daraus, seine Instrumente noch 390 Meter höher zu schleppen, wenn das Gebirge ohnehin nicht zu magnetischen Experimenten taugt, weil das Porphyrit-Magnesium-Gestein die Magnetnadel so leicht beeinflußt und selbst Pole besitzt.

Allerdings hätte ich meine Neugierde gern befriedigt und nachgesehen, ob es da oben einen Krater gibt. Betrachtet man den Gipfel durchs Fernrohr, so verliert der Gedanke an Wahrscheinlichkeit. Man sucht in dem einheitlichen Gipfelsegment vergeblich nach Felsen, die eine grundmauerartige Umrandung bilden, wie es auf dem Cotopaxi und, wenn auch nicht so deutlich, auf dem Tungurahua der Fall ist. Aber man darf dem Vergleich nicht allzuviel Bedeutung beimessen. Der Gipfel des Rucupichincha, von Puengasí oder Chillos aus gesehen, verrät durch nichts seinen Krater. Unser Blick verfolgte den Geröllzug, über den wir bis zu der Kluft gekommen waren, jenseits noch wenigstens achtzig Meter weiter hinauf, und wir entdeckten darin vier bis fünf Fuß lange poröse, gebrannte Stücke. Dies alles macht den Chimborazo unleugbar eines Kraters verdächtig, der sich wieder geschlossen hat.

Unsere Rast auf der ungeheuren Höhe war mehr als traurig und düster. Der Nebel ließ uns nur zeitweise in die Abgründe ringsum blicken. Kein Lebewesen, kein Insekt, nicht einmal der Kondor, der am Antizana über unseren Köpfen dahingeschwebt war, belebte die Lüfte. Kleine Moose waren die einzigen Organismen, die uns erinnerten, noch der bewohnten Welt anzugehören.

Wir taten gut daran, hinabzusteigen. Noch immer 5650 Meter hoch, begann es zu hageln und dann, sechshundert Meter tiefer, zu schneien, und zwar so heftig, daß binnen nicht einmal zwanzig Minuten zehn bis zwölf Zoll fielen. Wir trugen kurze Stiefel, einfache Kleidung, keine Handschuhe, sie sind hier kaum bekannt; man stelle sich unser Befinden vor. Die Hände blutig gerissen, mit einem kranken, von Geschwüren bedeckten Fuß jeden Moment an kantige Steine stoßend, jeden Schritt zu prüfen gezwungen, weil der Weg unter dem Schnee verschwunden war – dies meine nicht eben vergnügliche Lage. Doch wer an Strapazen gewöhnt ist, tröstet sich leicht über physische Schmerzen hinweg. Wir sammelten, wie schon beim Aufstieg, viele Steine, von denen wir zwei Kollektionen nach Madrid und Paris schickten und eine dritte bei uns behielten für das königliche Kabinett in Berlin. Wer in Europa würde nicht einen Stein vom Chimborazo haben wollen und wo hätte ein Kabinett bis zu diesem Tag einen besessen? Wir sind die ersten Naturalisten, die dem Koloß eigens einen Besuch abgestattet haben.

Die Chimborazo-Expedition war in mehrfacher Hinsicht bedeutsam für uns. Auf den Tag vor drei Jahren hatten wir auf Teneriffa den Pic de Teide bestiegen. Es war unsere letzte Expedition in den Nevados der Provinz Quito, und wir schlossen mit dem höchsten Berg ab und auf dem höchsten Punkt, den wir und jemals Menschen überhaupt erreicht haben. Schade, daß der Chimborazo von all unseren Schneegipfeln der pflanzenärmste ist. Nichts als Gräser, eine Vegetation ohne Kraft und Lebendigkeit, die nicht zur Schönheit dieses Riesen paßt.

Der 25. Juni war der denkbar herrlichste Tag. Welch ein Jammer, diesen Tag hätten wir für den Chimborazo-Aufstieg wählen sollen! (Humboldt, Reisetagebücher)

Humboldts Barometer hatte in den extremen Regionen wahrscheinlich gelitten. Er selbst hat nach späteren Überrechnungen die erreichte Höhe von 18 096 Fuß ≈ 5881 Meter korrigiert. Nach heutiger Erkenntnis kam er auf 5350 bis 5400 Meter. Richtig bleibt, daß vor ihm noch niemand höher gestiegen war.

5

Die vier – Humboldt, Bonpland, Montúfar, Pacho – haben die Grenze des ewigen Schnees überschritten. Ihre Köpfe sind in Tücher gehüllt. Die Mühsal des Aufstiegs hat ihre Gesichter bis zur Unkenntlichkeit entstellt. Die Herzen rasen, die Lungen saugen in immer schnellerem Rhythmus. Bonpland versucht, ein Thermometer in den Schnee zu stoßen und verliert durch die einfache Handlung soviel Kraft, daß er lange nicht wieder auf die Beine kommt. Montúfar lehnt sich, die Arme ausgebreitet, mit der Brust an die Gletscherwand und hebt unendlich langsam den Kopf zu einem Blick hinauf zum Gipfel. Die Verzweiflung packt ihn, als er in der steilen, überragenden Wand nichts weiter sieht als versteinerten Schnee mit meterlangen, auf ihn herabzielenden Eisspeeren.

Humboldt öffnet das große Glasgefäß des Eudiometers, um Luftproben einzufangen, damit er später den Sauerstoffgehalt bestimmen kann. Der Wind fegt über den Rand des Glases und bringt es zum Klingen. Sie bluten alle vier aus den Nasen, dem Zahnfleisch, besonders Montúfar; seine vom Blut geschwärzten Zähne wirken lückenhaft, und nimmt man sein zipfliges Kopftuch hinzu, sieht er aus wie ein altes Weib. Aber sie lächeln, glücklich, verzaubert vom Singen der Äolsharfe. Der kleine Pacho, so wenig Luft er noch bekommt, versucht zu pfeifen und den Ton zu treffen, er und der Wind wetteifern im mehrstimmigen Lied des Chimborazo.

Vergebens halten sie Ausschau nach einem Kondor in den Lüften. Aber flöge da einer über ihren Köpfen und äugte auf sie hinab, er würde sie sehen wie wir, die Zuschauer des Films, sie von einem Hubschrauber gezeigt bekommen: Über einen fußschmalen Felsgrat steigen vier kleine Menschen bergauf und messen ihre Kräfte mit der unendlichen Natur.

Das letzte Bild zeigt noch einmal Alexander von Humboldts Gesicht. Groß. Seine Augen grüßen Vater Chimborazo mit einem sowohl achtungsvollen wie respektlos herausfordernden Blick, der sagen will: Ja, du bist stärker als ich, aber besiegt hast du mich nicht. Denn nicht *deine* Höhe, sondern die *meines Selbstanspruchs* ist mir das Maß!

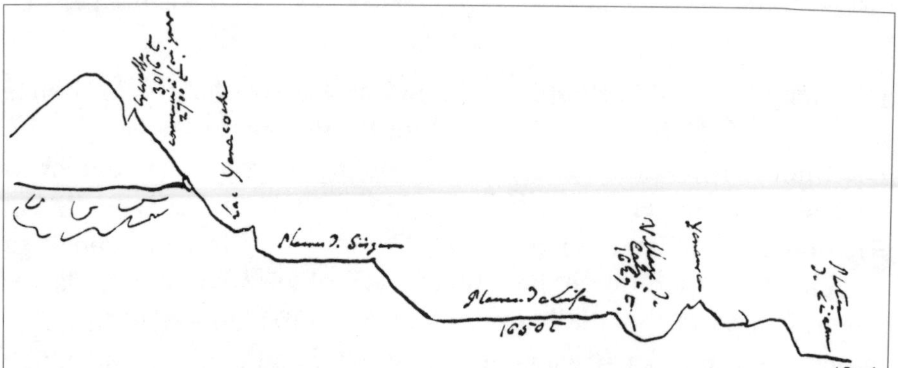

Höhenprofil des Chimborazo und der angrenzenden Hochebenen de Sisgun und de Luisa, über die Humboldt den Aufstieg unternahm.

Alexander von Humboldt und seine Zeit

Humboldts Lebenszeit – fast ein Säkulum – war bestimmt von den Revolutionen 1789 und 1848, von den geistig-künstlerischen Bewegungen des Sturm und Drang, der Aufklärung, Klassik und Romantik und von einem reißenden Fortschritt in Naturwissenschaft und Technik, der beide zusammenmünden ließ in den endgültigen Sieg der Industrie- über die Manufakturgesellschaft.

Will man Humboldts Platz in diesem seinem Jahrhundert finden, genügt es nicht, zu erinnern, daß er als Zwanzigjähriger in Paris teilnahm an den Vorbereitungen für das Volksfest zum ersten Jahrestag des Sturms auf die Bastille und als Achtzigjähriger den gefallenen Berliner Barrikadenkämpfern das letzte Geleit gab. Es ist müßig, auf die Berühmtheiten zu weisen – Forster, Lichtenberg, Gauß, Volta, Schiller, Goethe, Heine und schier unübersehbar viele andere –, mit denen er befreundet war, Umgang pflegte, korrespondierte. Müßig, die Berge, Höhlen, Strömungen, Mineralien, Pflanzen und Tiere, selbst Wegekreuzungen und Kneipen herzuzählen, die nach ihm benannt wurden. Müßig, die dreißig Akademien und etwa hundert wissenschaftlichen Gesellschaften anzuführen, deren Mitglied er war, oder seine sieben Ehrendoktorhüte hervorzuheben. Man mag sich bewußtmachen, daß er noch in den Windeln lag, als Lavoisier das Gesetz von der Erhaltung der Materie aufstellte, und erst wenige Monate unter der Erde, als Darwins Werk ›Über den Ursprung der Arten‹ erschien. Man kann sich dem Staunen darüber hingeben, daß er, der noch in der Postkutsche halb Europa bereiste, Atlantik und Pazifik mit dem Segelschiff kreuzte, später wie selbstverständlich Eisenbahn und Dampfschiff benutzte, die Geburtsstunde der elektromagnetischen Telegraphie erlebte und die ersten Mondfotos sah. Er selbst hat viele Wissenschaftszweige befruchtet und so manche neue Disziplin begründet, wie zum Beispiel die vergleichende Erdbeschreibung, die vergleichende Klimatologie, die Pflanzengeographie, Hydrographie, die Länderkunde und thematische Kartographie. Er gehörte zu den ersten, die die Bedeutung der Mathematik für die Naturwissenschaften sowie deren Nutzen für den Technik- und Technologiefortschritt erkannten und propagierten. Alle diese Aneinanderreihungen nähern uns ihm nur als einem Denkmal seiner Zeit.

›Die außerordentlichen Männer des 16. und 17. Jahrhunderts waren selbst Akademien, wie Humboldt zu unseren Zeiten.‹ Das Goethewort aus den ›Maximen und Reflexionen‹ bezeichnet das allumfassende Wissen, das Humboldt sich als Naturforscher, Reisender und kritisch vergleichender Sammler aller alten und neuen Einsichten in das Weltall und besonders in die Erde und das Leben auf ihr erworben hat. Humboldt war es, der zum letzten Male, ehe das Ganze des menschlichen Wissens vom einzelnen nicht mehr überblickt oder gar beherrscht werden konnte, eine Gesamtschau der Naturerkenntnis sich vorsetzte und als ›Uralter von den Bergen‹ das ihn von Jugend an beseelende Ziel erreichte, ›mit einem Schlagworte *Himmel und Erde*‹ zu beschreiben. Und von der freien Bergschule im Fichtelgebirge bis zu den Kosmosvorlesungen in der Berliner Singakademie zieht sich durch sein langes Leben das Bemühen, dies Allwissen zum volkstümlichen Allgemeingut zu machen, ›zu einem Hebel geistiger Befreiung des Volkes‹, denn: ›Mit dem Wissen kommt das Denken und mit dem Denken der Ernst und die Kraft in die Menge.‹

Das erst erhob Alexander von Humboldt zum Primus unter den Begründern der Weltgeltung deutscher Naturforschung. Das löst ihn von jedem bestimmten Platz in seinem Jahrhundert und macht ihn zeitlos bedeutend. ›Wissen und Erkennen sind die Freude und die Berechtigung der Menschheit.‹

Die Lebensdaten

1769 Am 14. September wird A. v. Humboldt in Berlin, Jägerstr. 22 (heute Otto-Nuschke-Str. 22), geboren.

1779 Am 6. Januar Tod des Vaters Alexander Georg.

1787 Immatrikulation an der Universität Frankfurt/Oder.

1789 Immatrikulation an der Universität Göttingen.

1790 Erste Veröffentlichung: ›Mineralogische Beobachtungen über einige Basalte am Rhein‹;
Reise mit Georg Forster von Mainz über Köln, Brüssel, Amsterdam nach England und Frankreich;
Fortsetzung des Studiums an der Handelsakademie von J. G. Büsch in Hamburg.

1791 Beginn des Studiums an der Bergakademie Freiberg.

1792 Am 6. März zum Assessor im preußischen Bergdienst, am 6. September zum Oberbergmeister ernannt.

1793 Übernahme der Leitung des Bergbaus in den damals zu Preußen gehörenden fränkischen Fürstentümern Ansbach und Bayreuth. Erste wissenschaftliche Auszeichnungen: H. wird Mitglied der Leopoldinisch-Karolingischen Akademie der Naturforscher (heute Leopoldina); er erhält die Kursächsische Prämienmedaille für Kunst und Wissenschaft in Gold.

1794 Beförderung zum Bergrat. Mehrere bergmännisch-halurgische und andere dienstliche Reisen in Deutschland und Europa.

1795 Beförderung zum Oberbergrat;
wissenschaftliche Reise nach Oberitalien und in die Schweizer und französischen Alpen.

1796 Entsendung mit diplomatischem Auftrag ins Hauptquartier der nach Württemberg vorgestoßenen französischen Armee;
am 19. November Tod der Mutter Marie Elisabeth, geb. Colomb;
Humboldt nimmt den Abschied aus preußischen Diensten, um sich auf die Amerikareise vorzubereiten.

1797 Aufenthalt in Jena und Weimar, intensiver Verkehr mit Goethe und Schiller;
Reise nach Dresden; dort Teilung des mütterlichen Erbes; Weiterreise nach Wien und Salzburg.

1798 Weiterreise nach Paris;
Aufbruch mit Bonpland nach Marseille und Spanien.

1799 Am 23. Februar Eintreffen in Madrid;
am 5. Juni Aufbruch nach Amerika, am 16. Juli Landung in Cumaná.

1804 Nach fast fünfjähriger Forschungsreise durch Venezuela, Kuba, Kolumbien, Ekuador, Peru, Mexiko und einem zweiten Aufenthalt in Kuba am 29. 4. Abreise von Havanna nach Philadelphia; Aufenthalt in den USA und bei Präsident Th. Jefferson bis 29. Juni;
am 3. August betritt H. in Bordeaux wieder europäischen Boden; er bleibt in Paris bis 1805.

1805 Reise nach Italien mit Vesuvbesteigungen;
am 16. November. wieder in Berlin.

1806 Napoleon zieht nach der Schlacht bei Jena und Auerstedt am 27. Oktober in Berlin ein.

1807 Abreise mit diplomatischem Auftrag nach Paris;
nach Erledigung des Auftrags bleibt H. bis 1827 mit festem Wohnsitz in Paris und widmet sich hauptsächlich der Bearbeitung und Herausgabe seines amerikanischen Reisewerks, das in der sogenannten großen Ausgabe 34 Bände umfaßt.

1827 Rückkehr nach Berlin; Beginn der Kosmosvorlesungen in der Singakademie.

1829 Russisch-sibirische Reise vom 12. April bis zum 28. Dezember;
in den folgenden Jahren eine Reihe von Reisen mit verschiedenen Zwecken, so nach Warschau, Paris, Breslau, Königsberg, Danzig.

1835 Am 8. April Tod Wilhelm von Humboldts.

1842 Reise nach England zur Taufe des späteren Königs Eduard VII.

1845 Der erste Band (von insgesamt 5) des Alterswerkes ›Kosmos‹ erscheint.

1847 Überwältigender Publikumssturm auf den zweiten ›Kosmos‹-Band: Versandpakete werden geplündert, Bestechungssummen für einen Platz auf den Vormerklisten gezahlt; wie der Verleger Cotta dem Autor mitteilt, werden ›wirkliche Schlachten geschlagen‹.

1848 H. folgt am 22. März im Trauerzug den Särgen der gefallenen Revolutionäre.

1859 Am 6. Mai stirbt Alexander von Humboldt in seiner Berliner Wohnung Oranienburger Str. 67. Der Trauerzug, der dem Sarg am 10. Mai zum Dom folgt, und die Zahl der Berliner, die den Weg säumen, werden nach zeitgenössischen Berichten nur vom Leichenbegängnis der Märzgefallenen von 1848 übertroffen. Doch als in der Nacht vom 10. auf den 11. Mai der Sarg nach Tegel überführt wird, gibt es, wie das Blättchen ›Der Publicist‹ mitteilt, auch Pfeifen, Lärmen und das Absingen von ›ärgsten Gassenhauern‹ eines den Kondukt begleitenden ›liederlichen Gesindels‹. Genaueres darüber ist nicht mehr zu erfahren, da die Polizeiakten kassiert wurden und die große Presse die Krawalle verschwieg.

Alexander von Humboldt liegt im Schloßpark Tegel neben seinem Bruder Wilhelm unter Thorwaldsens Statue ›Die Hoffnung‹ begraben.

Kurzbiographien

Blanchard, Jean Pierre François (1753–1809)

Französischer Luftschiffer; überquerte am 1. 1. 1785 als erster den Ärmelkanal mit einem Ballon; er und sein Begleiter mußten sich dabei, um nicht ins Meer zu stürzen, der Kleider entledigen, und sie landeten fast nackt in einem Waldstück; im gleichen Jahr wagte er als erster den Fallschirmabsprung; starb während eines Ballonaufstiegs durch Schlaganfall.

Bonpland, Aimé Jacques Alexandre Goujaud (1773–1858)

Französischer Botaniker und Arzt; nach der Reise mit Humboldt Botaniker der Kaiserin Josephine; nach deren Scheidung von Napoleon I. von 1809 bis zu ihrem Tod 1814 Intendant ihrer Besitzungen Malmaison und Navarra; 1816 Rückkehr nach Südamerika, wo er im Grenzgebiet zwischen Argentinien, Paraguay und Brasilien als Wissenschaftler und Arzt, als Pflanzer, Viehzüchter, Handwerker, Händler, als Freund und Helfer der Indios ein abenteuerliches und entbehrungsreiches, in die Bürgerkriege verstricktes Leben führte; neun Jahre Gefangener des paraguayischen Diktators Francia; nach baldiger Auflösung seiner ersten, noch in Frankreich geschlossenen Ehe Lebensgemeinschaft mit einer Indianerin (Heirat unverbürgt); zahlreiche Auszeichnungen, darunter: 1827 Ehrenbürgerschaft Mexikos (zusammen mit Humboldt), 1856 Ehrendoktorwürde der Universität Greifswald.

Forster, Johann Georg Adam (1754–1794)

Naturwissenschaftler, Schriftsteller, Politiker; Professor für Naturgeschichte in Kassel und Wilna, Bibliothekar in Mainz; begleitete als

Zehnjähriger seinen Vater auf einer russischen Forschungsreise; nahm mit seinem Vater 1772–1775 an der 2. Erdumseglung von James Cook teil; 1790 mit Humboldt Reise am Niederrhein, durch Brabant, Flandern, Niederlande, England und Frankreich; seit 1792 die führende Persönlichkeit der bürgerlich-demokratischen Revolution in Mainz; stellte 1793 auf Beschluß der Mainzer Republik vor dem Pariser Nationalkonvent den Antrag auf Vereinigung mit der Republik Frankreich, weil anders die errungene Freiheit nicht zu sichern sei; da Mainz indessen vor der Truppenübermacht der deutschen Fürsten kapitulieren mußte, blieb er in Frankreich und beteiligte sich aktiv am Kampf der Republik gegen ihre inneren und äußeren Feinde; starb, noch nicht vierzigjährig, in den Armen eines polnischen Emigranten im Pariser Haus der holländischen Patrioten, sein Grab ist nicht bekannt; seine Frau Therese verließ ihn in den Mainzer Revolutionswirren und schloß nach seinem Tod die Ehe mit dem Beamten und Schriftsteller Ferdinand Huber.

Haeften, Reinhard Samuel Christian (1772–1803)

Leutnant im Grevenitzischen Infanterie-Regiment; von Humboldt in einem Jugendbrief folgendermaßen beschrieben: ›Dieser Reinhard von Haeften ist mein einziger und stündlicher Umgang. Ich wohne mit ihm zusammen. Ich habe, um ihn zu genießen, mich von aller übrigen Gesellschaft losgerissen. Er ist sehr groß, größer, als gewöhnlich Männer sind. Er hat ein außerordentlich merkwürdiges Gesicht, man hält ihn überall für einen der schönsten Männer.‹

Hardenberg, Karl August Fürst von (1750–1822)

1790 Minister in Ansbach-Bayreuth; 1791 preußischer Staatsminister; 1810 preußischer Staatskanzler.

Heinitz, Friedrich Anton Freiherr von (1725–1802)

Nationalökonom; gründete 1765 die Bergakademie Freiberg/Sa.; preußischer Staatsminister, Chef des Bergwerks- und Hütten-, Münz- und Salz-Departements.

Herz, Henriette, geb. de Lemos (1764–1847)

›Mein Vater war portugiesischer Jude, dessen Großvater mit vielen seiner Glaubensgenossen aus Portugal fliehen mußte, um nicht in die Hände der Inquisition zu geraten.‹ Zwölfjährig wurde sie verlobt und fünfzehnjährig verehelicht mit dem jüdischen Arzt und Philosophen Marcus Herz (1747–1803), Lieblingsschüler Kants, Freund Lessings und Moses Mendelssohns, erster Jude, der in Preußen den Professorentitel erhielt. Im Hause Herz bildete sich der erste literarisch-philosophische ›Salon‹ Berlins und wurde für Jahrzehnte zu einem der wichtigsten Treffpunkte des geistigen Lebens der preußischen Hauptstadt und ihrer europäischen Gäste. Dr. Herz unterhielt die zweimal wöchentlich stattfindenden Gesellschaften auch mit physikalischen Experimenten, bei denen seine Frau ihm häufig assistierte.

Humboldt, Marie Elisabeth von (1741–1796)

Mutter der Brüder Humboldt; entstammte der aus Frankreich eingewanderten bürgerlichen Familie Colomb; in erster Ehe mit F. E. von Holwede verheiratet, schloß nach dessen Tod 1766 die Ehe mit Alexander Georg von Humboldt (1720 bis 1779), der nach Offizierslaufbahn und Hofdienst als Kammerherr sich hauptsächlich der Verwaltung des von seiner Frau eingebrachten Besitzes widmete sowie sich an der Pacht von Zahlenlotto und Tabakregie beteiligte. Frau von Humboldt wurde mit ihrem elterlichen und dem Holwedeschen Erbe die Begründerin des Humboldtschen Vermögens. Alexander von Humboldt erbte nach ihrem Tod 91 375 Taler und 4 Groschen.

Humboldt, Wilhelm von (1767–1835)

Bruder Alexander von Humboldts; preußischer Staatsmann und Sprachwissenschaftler, Gründer der Berliner Universität Unter den Linden (1810); heiratete 1791 Caroline, geb. von Dacheröden, Tochter des preußischen Kammerpräsidenten von Dacheröden in Erfurt.

Kunth, Gottlob Johann Christian (1757–1829)

Erzieher der Brüder Humboldt; 1789 Assessor und Direktor des preußischen Manufaktur- und Kommerzkollegiums, Mitglied des Fabrik-Kommerzdepartements des preußischen Generaldirektoriums; 1815 Direktor der Generalverwaltung für Handel und Gewerbe.

Montúfar y Fraso Larrea, Juan Pío, Marqués de Selva-Alegre (1759–1818)

1809 Präsident der ersten patriotischen Obersten Junta in Quito, deren Mitglieder von der spanischen Kolonialmacht eingekerkert und 1810 großenteils enthauptet wurden; Montúfar, nach Cádiz verbannt, verzichtete 1815 auf den Adelstitel.

Montúfar y Larrea, Carlos (1780–1816)

Zweiter Sohn des Marqués de Selva-Alegre, Humboldts Reisebegleiter von Quito bis Paris; kehrte nach militärischer Ausbildung in Spanien zurück nach Südamerika und kämpfte für die Unabhängigkeit; in Buga (Kolumbien) vom spanischen Militär standrechtlich (durch den Rücken) erschossen.

Willdenow, Karl Ludwig (1765–1812)

Professor der Naturgeschichte, Botanik und Medizin; Direktor des Botanischen Gartens in Berlin; nahm großen Anteil an der Bearbeitung des von Humboldt und Bonpland in Amerika gesammelten botanischen Materials.

Rainer Simon

Meine Chimborazo-Tagebücher

I

In unserem Film sagt der Weltumsegler Georg Forster zu dem jungen Humboldt: ›Tahiti, Alexander, keine Zeile, die ich darüber geschrieben habe, kann ausdrücken, was ich empfunden habe. Kein Wort kann die Anschauung ersetzen.‹

27. Juni 1987

Wir fliegen zum ersten Mal über den Atlantik, der Autor Paul Kanut Schäfer, 65 Jahre alt, und ich, 46. Mit uns fliegt der Geschäftsführer der TORO-Film Berlin-West, Karl-Heinz Menzinger. Alexander von Humboldt sei Dank: Der Film könnte die erste Film- und Fernsehgemeinschaftsproduktion zwischen den beiden deutschen Staaten werden.

Humboldt war 29, als er im Juni 1799 zu seiner fünfjährigen Forschungsreise nach Amerika aufbrach, sein französischer Gefährte, der Botaniker und Arzt Aimé Bonpland, zählte drei Jahre weniger. Der Schweizer Naturforscher Tschudi war gar erst 20 bei seiner ersten Reise nach Peru. Ebenso alt Otto Philipp Braun, der spätere General in Simon Bolívars Diensten. Friedrich Gerstäcker schiffte sich mit 21 nach Amerika ein. Mit uns im Flugzeug sitzen Schulkinder aus Ekuador, die in Paris zur Schule gehen.

Die Zeit, die man ansonsten verschläft, genügt, um auf die andere Seite des Erdballs zu gelangen. Klein erscheint einem dieser und sehr verwundbar. Unweigerlich denkt man nach über Versäumtes, über Lebenszeit und Lebensinhalte, die einem durch Reiseverbote gestohlen wurden. Einen Film über Alexander von Humboldt zu drehen, heißt nachzudenken über einen Menschen, der mit äußerster Konsequenz versuchte, seinem Leben einen Sinn zu geben. Diesem seinem Anspruch muß man gerecht werden. Jeder einzelne Mensch hat Recht auf diesen Anspruch.

28. Juni 1987

In der Nacht überm Atlantik plagen mich fast unerträgliche Leibschmerzen, die ich vorher nie gekannt habe. Ich weiß aber, vor allen meinen Reisen ins westliche Ausland bekomme ich irgendeine Krankheit. Ich nenne dies mein DDR-Reisesyndrom. Immer zittert man bis zum letzten Moment, ob man der Gnade, reisen zu dürfen, tatsächlich

Alexander von Humboldt (Jan Josef Liefers) beim Chimborazo-Aufstieg

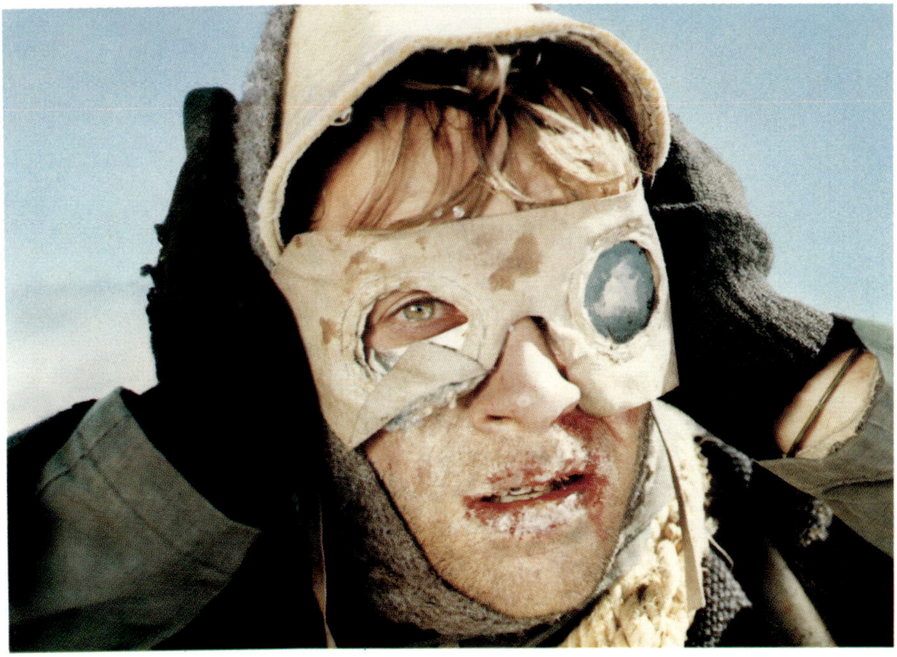

Alexander von Humboldt (Jan Josef Liefers)

Pacho (Pedro Sisar) und Alexander von Humboldt (Jan Josef Liefers)

Alexander und Wilhelm von Humboldt (Jan Josef Liefers, Götz Schubert)

Aufstieg am Vulkan-Gletscher des Cotopaxi (5896 m)

Flußübergang am Río Puela

Carlos Montúfar (Luis Miguel Campos) und Alexander von Humboldt (Jan Josef Liefers) mit Meßinstrumenten

Carlos Montúfar (Luis Miguel Campos) beim Bestimmen der Himmelsbläue mit dem Zyanometer

Mitarbeiter des Filmteams

Die Berganrufung - das >Tschalieren<

Regisseur Rainer Simon (Mitte) und Kameramann Roland Dressel

Verpflegungscamp des Filmteams

Der Chimborazo (6267 m)

teilhaftig wird, ob der Paß, die Visa, die Tickets rechtzeitig ausgestellt und nicht in irgendeiner uninteressierten Behörde liegengeblieben sind. Der Körper sorgt vor, eine eventuelle Enttäuschung zu verkraften: Man hätte ja doch nicht fahren können, weil man krank geworden ist. Auch in diesem Falle war es so, die Reise wäre nie zustande gekommen, der Film hätte nie gedreht werden können, hätten wir uns auf den bürokratischen Amtsweg verlassen. Zu danken ist den Botschaften Ekuadors und Spaniens für ihre freundliche Hilfe.

Ich versuche, der Schmerzen mit autogenem Training Herr zu werden. Beethoven und Schumann auf Kanal 5 des Bordfunks der *Avianca-Ma*schine tun das ihre. Mitten in der langen Nacht über dem großen Meer fühle ich mich wieder wohl. Jetzt ist die Reise unumkehrbar.

Bei Sonnenaufgang landen wir in Caracas. Die Farben des Himmels über dem Flugfeld, das auf einer Halbinsel der Sierra vorgelagert ist, haben karibische Postkartenqualität.

In Bogotá endet die kolumbianische Fluglinie. Wartend auf die Abfertigung der *Ecuatoriana* nach Quito, sitze ich müde inmitten unseres Gepäcks. Ein sehr junger, sehr bewaffneter Flughafenmilizionär dreht ein paar Runden um mich, bis er den Faden zu einem Gespräch findet: Woher ich käme, wohin ich wolle? – De la Alemania, wir bereiten einen Film vor über den deutschen Naturforscher Humboldt. – Der Name sage ihm nichts; aus welcher Stadt in Alemania ich käme? – Potsdam. – Kenne er nicht. – Nahe Berlin, Alemania oriental. Da staunt er über die Maßen. Ob ich ein Geldstück bei mir habe. Er sammle bei den Fluggästen die Münzen aus fremder Herren Länder. Aus Alemania oriental habe er noch keine. Stimme es, wir dürften nicht reisen? – Diesmal ist das Staunen an mir, es hat sich also schon bis zur Flughafenmiliz von Bogotá herumgesprochen! Wie das mit dem zweiteiligen Berlin ist, will er wissen, wie diese Mauer aussieht, die er nicht begreift und die er sich nicht vorstellen kann, und ich erkläre es ihm, so gut dies mein Spanisch erlaubt. Ich hätte ihm lieber eine andere Visitenkarte meines Landes überreicht. Quito wird aufgerufen. Der junge Soldat drückt mir über die MPi hinweg die Hand: *Adios hermano, buen viaje!* Gute Reise. Und *hermano* heißt Bruder.

Als Humboldt von Bogotá nach Quito ritt und lief, war er schon seit zwei Jahren in Südamerika unterwegs, und für die Passage über Cali, Popayán, Pasto, Ibarra brauchte er vier Monate. Wir fliegen – eine einzige gute Stunde.

Wir sind zunächst enttäuscht, denn wo wir die Vulkane Puracé und Sotará zu entdecken hofften, liegen unter uns nur Wolken. Doch dann, der Flieger verliert schon wieder an Höhe, reißt der Schleier auf. Erschreckend nahe und eher neben als unter uns erscheint der erste dieser Eisriesen, die die *Avenida de los Volcanes* säumen; es muß der Cayambe sein, über dessen Gletscherflanken der Äquator verläuft. Etwas entfernter das kolossale Eisgebirge des Antizana, zur Rechten die kahlen Kraterzakken des Pichincha. Die kleine Maschine schraubt sich zwischen den Bergen hinunter ins 2800 Meter hoch gelegene Quito. Als wir das Rollfeld betreten, scheint uns, es müßte sich die majestätische Pyramide des Cotopaxi direkt hinter der Piste erheben, doch liegt er mehr als 50 Kilometer Luftlinie entfernt. Die ekuadorianischen Kollegen, wir haben sie noch nie gesehen, recken, damit wir sie in der Menschenmenge finden, ihre Papptafel mit der Aufschrift ASOCINE über die Köpfe. Zwischen ihnen und dem DDR-Verband der Film- und Fernsehschaffenden gibt es einen Freundschaftsvertrag, der durch unseren Film zum ersten Mal dem Leben ausgesetzt wird. Alejandro Santillán und Igor Guayasamín weisen zum Cotopaxi: Ihr habt unwahrscheinliches Glück, so klar und so nahe sieht man den Cotopaxi nur wenige Tage im Jahr.

Mit dem herrlichen Anblick, so glauben wir zutiefst, heißt Ekuador uns willkommen.

3. Juli 1987

Gestern abend sind wir in Ambato angekommen. Dem Chimborazo ganz nahe. Wir verlassen das Hotel frühmorgens bei dichtem Nebel. Auf der Serpentinenstraße nach Guaranda nähern wir uns dem Berg. Barlach-Figuren gleich, sitzen Chibuelos-Indianer reglos am Straßenrand, mit runden Hüten, in ihre Ponchos gehüllt gegen Kälte und Regen. Aus dem Nebel taucht eine Indiofamilie auf, die ein paar Schafe die Straße hinauftreibt. Die Kinder schleppen riesige Bündel Trockenholz auf dem Rücken. Die Bündel sind größer als sie selbst. Dann, in Pilahuín, sehen wir halbwüchsige Jungen in blendendweißen Hosen und knallroten Ponchos. Inmitten der graugrünen *chozas* (Hütten) aus Erde und Gras und der mit Wahlparolen beschriebenen schmutzigweißen Wände der wenigen Steinhäuser ein seltsamer Kontrast. Wir erfahren, sie feiern ihren Schulabschluß. Es ist der gleiche Tag, da auch bei uns zu Hause die Ferien beginnen.

Unser ekuadorianischer Kollege Cristóbal Corral zeigt immer wieder in den Nebel: Da, unmittelbar vor uns, muß er sein, der Chimborazo. Noch gestattet er uns seinen Anblick nicht. Bis 4000 Meter hoch finden wir vereinzelte indianische Hütten, manchmal ein angepflocktes Lama. Wir umfahren den Berg, ohne ihn zu sehen.

Dann, als wir schon von der Straße nach Guaranda abgebogen sind auf den Sandweg nach Riobamba, beginnen die Wolken zu kreisen und zu wirbeln. Erste ahnungsvolle Ausblicke auf ein gewaltiges kahles Gebirgsmassiv. Wir sind etwa 4200 Meter hoch. Büschelartiges Páramogras wächst hier und die stachelige, rotbraun blühende Chuquirahua, viele kleine Blümchen, deren Namen ich nicht kenne. Plötzlich jagen die Wolken auseinander, sekundenlang nur. Wir springen aus dem Landrover, um zu fotografieren, ein erstes Bild festzuhalten von IHM. Über dem Steinmassiv erhebt sich breit die Pyramide aus Eis, umzogen von Wolkenformationen, die sich jeden Augenblick verändern und den Chimborazo in immer neuem Leuchten enthüllen. Es ist eines jener Naturschauspiele, die jeder Beschreibung spotten und nur die Anschauung dulden.

Mein erster Eindruck vom Chimborazo ist nicht nur von Faszination geprägt, auch von einem ehrfurchtsvollen Respekt. Und dabei wird es bleiben, so oft ich ihn sehe.

Ich verstehe sehr gut, daß ihn die Indianer – der mythologischen Überlieferung folgend – auch heute noch personifizieren und anrufen als *Taita*, Vater, und ihm ehrfürchtig Gaben darbringen.

Wieder bergab fahrend, müssen wir kurz vor San Juan wegen Straßenbauarbeiten anhalten. Eine Gruppe von Indios und Mestizen verlegt ein Rohr. Die Kinder kommen zu uns gelaufen. Zunächst warten sie schüchtern ein paar Meter entfernt, dann lächeln sie verstohlen über uns, und bald sind sie so aufgeregt und gesprächig wie in aller Welt die Kinder, wenn Besuch kommt. Den Kindern folgen nach einer Weile die Männer, und die Frauen müssen die Arbeit allein zu Ende bringen. Auch hier überrascht uns die Frage, aus welchem Alemania wir kommen.

Hinter San Juan, bevor man die endlose Feuerland-Alaska-Straße wieder erreicht, die *Carretera Panamericana*, liegt weißer Staub auf Eukalyptus und Agaven. Das Zementwerk ›Chimborazo‹ verpestet die Luft. Wir halten an in Calpi. Der Ort ist uns aus Humboldts Reisetagebüchern bekannt. Von hier stieg er auf zum Chimborazo. Wenige Jahre davor hatte eines der furchtbarsten Erdbeben die ganze Provinz umgestürzt, die Ruine der kleinen alten Kirche erinnert unentwegt daran. An der neuen großen Kirche daneben gedenkt eine Bronzetafel an berühmte Persönlichkeiten, die die Pfarrei Calpi des heiligen Jakobus besuchten:

Personajes ilustres que visitaron la parroquia de Calpi

Alejandro Humbolt (Junio 22 de 1802)

Simon Bolivar (Julio 5 de 1822)

Weitere acht Namen folgen, ein Präsident ist dabei, Doktoren, Ingenieure, kirchliche Würdenträger.

Eindrucksvoller und ausführlicher als seinen Einzug in so manche Hauptstadt beschreibt Humboldt die Feierlichkeiten, die ihm in diesem Provinznest an jenem 22. Juni 1802 von der indianischen Bevölkerung zuteil wurden. Wir entwickeln daraus eine Szene des Films.

Vor Riobamba machen wir noch einen Abstecher von der Hauptstraße. Der Weg mag nur hundert Meter bergab führen, doch die Vegetation verändert sich überraschend zu subtropischer Üppigkeit. Mannshohe Kakteen und Agaven, kleine Maisfelder. Auf einer Wiese schlagen Frauen aus Agavenbast lange Seile. Die Behausungen aus Stein oder Gras und Lehm liegen vereinzelt zwischen Feldern und dichten Baumgruppen. Ich gehe mit dem Fotoapparat durch ein Maisfeld und komme an ein kleines Anwesen aus zwei Erdhütten, davor ein kleiner Hof, umzäunt mit Pfosten und Bohlen aus Eukalyptusholz. In der Öffnung der einen Hütte sitzt eine uralte Indígena. Wir begrüßen uns. Ich frage, ob ich fotografieren darf. Sie ist einverstanden. Dann verweist sie mich an ihren Mann, der in der anderen Choza sitzt. Ich möchte ihm erklären, wozu ich hier bin, bekomme jedoch keine Antwort. Die Frau lächelt: Er hört, sagt sie, schon seit zwanzig Jahren nichts mehr. Wie fast immer im Kontakt mit den Indígenas habe ich das Gefühl einer großen inneren Freundlichkeit, die mir entgegenkommt. Ich versuche mir vorzustellen, wie man wohl in Europa reagieren würde, stünde da plötzlich ein wildfremder Indio vor der Wohnungstür und fragte, ob er zu eigenen Zwecken mal eben reinschauen dürfe. Hier in San Gerardo kommt mir die Idee zur Szene der Begegnung Humboldts mit einer alten Hochlandindianerin.

Der Name Riobamba hat in jedem Reiseführer seinen Extrastern. Jeweils sonnabends soll hier der größte Indiomarkt Südamerikas stattfinden. Es ist Freitagabend, als wir im Hotel *Galpón* (Schuppen) oberhalb der Stadt ankommen. Bei klarer Sicht genießt man von hier das wundervollste Panorama mit den Vulkanen Chimborazo, Altar und Tungurahua.

Am Nachbarhaus entdeckt Paul Kanut Schäfer die Aufschrift *Expediciones Andinas* genau in dem Augenblick, in dem wir besprechen, ob wir uns nicht zuallererst auf die Suche nach einem guten Bergführer machen sollten. Wir haben großes Glück, denn Marco Cruz, auf den wir so zufällig treffen, ist der beste. Und er ist weder in den Bergen noch auf Galápagos und auch nicht gerade in den europäischen Alpen oder im Pamir unterwegs, sondern zu Hause. Er ist der perfekteste Chimborazo-Kenner überhaupt. Über dreihundert Mal hat er ihn bestiegen, er hat sämtliche Gipfelrouten im kleinen Zeh, auch die aller anderen ekuadorianischen Vulkane. Mit dem Amerikaner Loren McIntyre, dessen vorzügliches Fotobuch über Humboldts amerikanische Reisewege wir zu Hause genau studierten, hat er Humboldts Aufstiegsroute rekonstruiert. Wir legen für den nächsten Tag fest, daß ich mit einem seiner Assistenten einen Probeaufstieg mache, bis etwa in die von Humboldt erreichte Höhe. Ich möchte am eigenen Leib erfahren, ob es für mich und den Drehstab überhaupt möglich sein wird, in die Höhe des ewigen Eises zu gelangen – und dort zu arbeiten!

4. Juni 1987

Es ist noch dunkel, als wir aus dem *Galpón* treten. Nebel und Regen. Baltázar Caiza, der Bergführer, ist guter Hoffnung. Man weiß nie, wie das Wetter am Chimborazo sich entwickelt, aber wir werden Glück haben, meint er. Auf der Straße über Licán, Calpi, San Juan begegnen uns Maultierkarren, Lastwagen, die bunt bemalten südamerikanischen Autobusse, alle überladen, hoch bepackt mit Indios und Waren, alle unterwegs zur *feria* (Markt) nach Riobamba, das ganze Land scheint auf den Beinen zu sein, keine Bushaltestelle, wo nicht Hunderte warten.

Um den Chimborazo brodeln die Wolken, aber erste Sonnenstrahlen brechen durch. Ganz nah taucht er in all seiner Pracht vor uns auf. Von der Straße, die ihn südlich umgeht, schraubt sich ein Sandweg in Serpentinen hinauf zum ersten *refugio* (Schutzhütte) in 4800 Metern Höhe; der Gipfel des Montblanc ist nur wenig höher. So hoch war ich noch nie. Die Luft ist so dünn, daß einem schon auf dem geebneten Vorplatz jeder Schritt schwerfällt. Baltázar verordnet uns eine Akklimatisierungspause. Er weist empor zu einem schneebedeckten Grat, wo sich die Felsspitzen der *Agujas Chamonix* (Chamonix-Nadeln) erheben. Dahin will er mit mir. Die anderen sollen, sobald sie nach eigenem Ermessen ihrer Kräfte den Höhenehrgeiz befriedigt haben, zurückfahren nach Totorillas – der Name sagt mir noch nichts – und uns dort erwarten.

Wir steigen los. Zunächst über staubfeinen Bimssteinsand, Vulkanasche, Geröll. Das zweite Refugio, nach Edward Whymper benannt, der 1880 den 6267 Meter hohen Chimborazogipfel als erster bezwang, bleibt zu unserer Linken. Wir nehmen den direkten Weg zum Grat, Baltázar vornweg wie eine Gemse. Nach den ersten fünfzig Metern habe ich das Gefühl, es nie und nimmer zu schaffen. Alle zehn Schritte ist eine Pause notwendig, in der ich mich auf den Skistock stützen muß. Doch allmählich finde ich meinen Schrittrhythmus, jede zu schnelle Bewegung, jedes zu hastige Setzen der Füße kostet unglaublich viel Kraft. Das Herz hämmert und rast. Meine Konzentration ist gerichtet auf die Vorwärtsbewegung der Beine und das gleichmäßige Atmen. Nach einem Drittel der Wegstrecke scheint mir das Ziel noch immer unerreichbar. Baltázar beruhigt mich. Wir steigen langsam weiter. Die Gipfelpyramide vor uns, die Blicke auf das winzig klein gewordene Refugio unten, auf die Wolkendecke über der weiten braunen Hochebene, die ersten Schneeflächen – das alles beweist unser Vorankommen. Ich empfinde jetzt Befriedigung bei jedem weiteren Schritt und bekomme ein Gefühl für meinen Körper, wie ich es bisher nicht kannte. Je näher wir unserem Ziel kommen, desto mehr empfinde ich Stolz.

In den Pausen fotografiere ich, wir wechseln ein paar Worte. Baltázar ist 27 Jahre alt; mit dreizehn hat er angefangen, bei Marco Cruz zu arbeiten. Ja, es gehe ihm gut. Ja, er habe schon oft Deutsche auf den Gipfel geführt. Ja, nach den Nordamerikanern seien sie hier am meisten vertreten. Daß es zwei Deutschlands gibt, ist ihm unbekannt. Jede seiner Antworten beginnt mit *sí señor*. Ich fühle, er ist es nicht gewöhnt, von denen, die er führt, ins Gespräch gezogen zu werden.

Als wir den Grat erreicht haben, spendiert uns Baltázar Tee und Proviant aus seinem Rucksack. Verstohlen bewundert er meine Bergschuhe. Schließlich fragt er, wieviel sie in Deutschland kosten. Ich würde sie ihm gern überlassen, aber welcher Indio oder Mestize hat schon eine 42er Schuhgröße. Ich verspreche, ihm passende Stiefel aus Europa mitzubringen, wenn ich wiederkomme. Ein Strahlen hellt sein verschlossenes Gesicht auf. *Sí señor, gracias*. Doch ob er daran glaubt? (Als wir im Jahr darauf zum Drehen nach Ekuador zurückkehren, sind die Bergschuhe für Baltázar in unserem Gepäck.)

Wir hocken etwa 5400 Meter hoch im vereisten Schnee. Wolken hüllen uns ein. Der Eisregen peitscht. Man sieht die Hand nicht vor den Augen, geschweige denn den Gipfel. Nach einer halben Stunde beschließen wir abzusteigen. Innerhalb von Sekunden ist der Himmel ein ganz anderer, die Sonne steht in Mittagshöhe steil über uns. Nicht weit voraus ragt eine rote Felswand. Dort etwa könnte damals der Gletscherspalt gewesen sein, der Humboldt zur Umkehr zwang. Der Gipfel scheint ganz nahe. Doch um ihn zu erreichen, sagt Baltázar, benötige man noch sechs Stunden.

Bis zum Auto hinunter, es steht bei 4000 Meter, sind es drei Stunden. Wir kraxeln über die Ausläufer von Gletschern, rutschen die Aschefelder prähistorischer Lava hinunter, bis zu den Knien im schwarzen Staub, stolpern über Geröll. Ich hatte nicht geahnt, wieviel Kraft dieser Abstieg kostet. Glücklicherweise, sonst hätte ich darauf bestanden, daß das Auto am Refugio wartet. Schnee und Eisregen verkleben die

Brille, die Beine sind wie taub, und alle Konzentration gilt der Sorge, nicht zu stolpern, zu rutschen, bergab zu stürzen.

Aber zwischendurch geht es immer wieder bergauf, über Grate und Felsrücken. Welch Glücksempfinden, als ich in der steinernen Einöde das erste Pflänzchen entdecke! Der Chimborazo verabschiedet uns mit Donnergrollen, Sturm, Schnee, Regen und Hagel. Zeitweilig habe ich das Gefühl, nie wieder in menschliche Gefilde zu gelangen. Baltázar rennt mehr, als er geht; dann wartet er, bis ich heran bin, um gleich wieder loszurennen. Schließlich öffnet sich der Blick ins Tal von Totorillas. Die Schritte werden länger, greifen aus auf dem sandigen Boden, der von hohen, scharfen Páramograsbüscheln bewachsen ist. Als wir zur Erleichterung unserer Compañeros das Auto erreichen, ist die Anstrengung fast vergessen. Die Erschöpfung hat keine Chance gegenüber dem Gefühl einer ganz vom Körperinneren kommenden Befriedigung. Und ich weiß jetzt, daß es möglich sein wird, wenn auch sehr schwierig, mit dem Filmteam hier bis in die Regionen der Gletscher und des ewigen Schnees aufzusteigen. Bislang hatten wir daran gezweifelt und erwogen, notfalls einen anderen, weniger hohen Vulkan für den Chimborazo auszugeben.

Totorillas heißt nicht nur das Tal, das sich an der Felswand Chalata zum Chimborazo hinzieht. So heißt auch, hier auf 4000 Metern, die kleine Gruppe der höchstgelegenen menschlichen Behausungen. Hütten aus Erde und Gras, die aus dem Boden herauswachsen, Pferche für die Schafe. Auf den ersten Blick ist uns klar, daß Totorillas, so direkt unterm Chimborazo und seit Vorzeiten nahezu unverändert, ein ideales Motiv für den Film sein könnte. Zuerst scheint das Dorf bis auf ein paar Hunde und Hühner unbelebt. Dann nähert sich uns würdevoll ein älterer Indígena, in Feiertagsponcho und *zamarros*, den bis zur Hüfte reichenden Beinkleidern aus Fell. Außer ihm ist eine Familie im Dorf, alle anderen sind zur Feria in Riobamba. Wir erzählen ihnen, warum wir gekommen sind, sie berichten von ihrem Alltag. Baltázar flirtet mit María, der fünfzehnjährigen Tochter, die sich von uns ein wenig scheu zurückhält. Ihre siebenjährige Schwester flirtet mit uns. Die Kleinste, noch auf dem Rücken der Mutter, schreit, wenn unsere Fotoapparate klicken. Der Vater sagt, wir müßten mit dem Indígena-Rat der Gemeinde über unser Vorhaben sprechen, sie würden sich freuen, uns wiederzusehen. Und wieder, über alle Fremdheit hinweg, dieses Gefühl der menschlichen Nähe. Als wir uns verabschieden, lerne ich das erste Wort in der Quichua-Sprache: *Kayakama!* Eine freundlich-bestimmte Aufforderung zum Wiederkommen.

II

21. April 1988

Wir sind zum zweiten Mal in Ekuador. Unser Drehbuch ist von DEFA und ZDF bestätigt, die Vorbereitungsarbeiten sind im Gange. Manchmal erscheint es mir wie ein Wunder, daß der Humboldt-Film nach so vielen jahrelangen Bemühungen nun tatsächlich zustande kommen soll.

In Quito angelangt, drehe ich in einem schlecht ausgerüsteten Fotoatelier, auf dessen Wellblechdach pausenlos der Regen trommelt, Probeaufnahmen per Video. Das Atelier ist zugleich Büro, ständig klingelt das Telefon. Die Tonapparatur streikt. Ein Dolmetscher erscheint mit Stunden Verspätung. Ich bin der Verzweiflung nahe. Wir suchen vor allem einen Darsteller für die Rolle des jungen kreolischen Aristokraten Carlos Montúfar, Freund Humboldts und sein Weggefährte von Quito bis zurück nach Europa. Unter den Kandidaten ist kaum ein ausgebildeter Schauspieler. Roland Dressel sitzt, die Hände vors Gesicht geschlagen, neben der Kamera, deren Bedienung er aus Abneigung gegen die Videotechnik den Kollegen von ASOCINE überlassen hat. In Anlehnung an Achternbusch meint er sarkastisch, jeder, der eine Hand frei hat, darf mal. Wir probieren bis weit in die Nacht. Schlafen kann ich nicht.

Am nächsten Tag statten wir einem heute lebenden Carlos Montúfar in seinem von riesigen Kötern bewachten, hinter hohen Mauern verschanzten Anwesen in Quito einen Besuch ab. Der alte Herr ist ein Nachfahr von Rosa, einer Schwester des historischen Carlos Montúfar. Von diesem hängt ein überlebensgroßes Gemälde in der Villa, das einzige von ihm bekannte Bildnis. Es zeigt ihn als stolzen jungen Mann in spanischer Uniform. Später gehörte er zur sogannten *heroischen Generation* der südamerikanischen Freiheitskämpfe und wurde von der spanischen Kolonialsoldateska füsiliert. Unserem Gastgeber ist es eine Freude, daß einer seiner Vorfahren an der Seite des *famoso barón de Humboldt* im Film dargestellt werden soll. Er stellt uns wertvolles Porzellan und andere Ausstattungsstücke als Requisiten zur Verfügung.

Am Abend probieren wir weiter. Ein junger Schriftsteller namens Luis Miguel Campos steht vor der Kamera. Er ist Autor aufsehenerregender Theaterstücke, er hat einen Essay über Montúfar geschrieben. Als Schauspieler hat er kaum Erfahrung. Aber sein Wesen hat viel von der Ausstrahlung eines selbstbewußten kreolischen Aristokraten am Vorabend der lateinamerikanischen Unabhängigkeitsrevolution. So empfinde ich jedenfalls. Ich provoziere ihn, stärker aus sich herauszugehen, kräftiger zu reagieren; sicher bin ich mir nicht, ob er die Rolle darstellerisch bewältigen kann. Roland setzt auf ihn. Später im Hotel sehen wir uns alle gemeinsam die Aufnahmen an, dazu eilig aus Bogotá herangeflogene Videos kolumbianischer Schauspieler. Das erleichtert uns die Entscheidung: Luis Miguel Campos wird den Carlos Montúfar spielen.

Gestern sind wir von Quito nach Riobamba aufgebrochen. Mit Abstecher zum Cotopaxi. Bei mörderischem Sturm, Eisregen und Gewitter sind wir bis zu den Gletscherausläufern in 4800 Metern hochgestiegen. Aber die Sicht war so schlecht, daß wir keinen Eindruck gewinnen konnten, ob dieser Gletscher ein Motiv für uns sein könnte.

Heute nun: Wir ziehen wieder ein ins Hotel *Galpón*, Riobamba. Dieselben etwas verschlafenen Kellner des Vorjahrs. Ob sie auch mich wiedererkennen? Wohl kaum, ganzjährig ist hier Saison für Individualtouristen aus (fast) aller Welt.

Wir fahren los zum Chimborazo. Vor dem Abzweig nach San Juan drehen wir das erste Schnittbild für unseren Film, den fernen schwarzen Kegel des Vulkans Tungurahua im Morgenlicht. Das frühmorgendliche San Juan ist beinahe menschenleer. Auf den an steilsten Hängen gelegenen kleinen, exakten, sauberen Feldern sind die Indígenas schon bei der Arbeit. Der Anblick des Chimborazo nimmt uns den Atem. Roland springt aus dem Auto, lädt sich die Kamera auf, will sofort drehen, als sei dies ein unwiederbringlicher Augenblick. Langsam, Don Roland, langsam, mahnt ein ekuadorianischer Compañero, du bist hier dreieinhalbtausend Meter hoch! Marco Cruz lächelt mich an: Der Chimborazo mag dich. In diesem regnerischen Frühjahr habe ich ihn wochenlang nicht gesehen, aber wenn du kommst, zeigt er sich sofort.

Um die Berge günstig zu stimmen, ruft man sie an mit einem Mundvoll Schnaps – aber stark muß er sein! –, den man in ihre Richtung sprüht. Ein uraltes Indígena-Ritual, in Quichua heißt es *shallar*. Im Spanischen gibt es das in Klang und Bedeutung ähnliche reflexive Verb *chalar*: durchdrehen, sich verknallen. In der Tat, wir sind verknallt in den Chimborazo. Tschalieren nennen wir das unter uns Deutschen. Vor diesem ersten Dreh habe ich tüchtig tschaliert. Und später, obwohl ich ein durch und durch ungläubiger Mensch bin, am Morgen eines jeden Drehtags, was mir freilich unentwegt die Beschimpfungen meines Kameramannes und die verwunderten Blicke ausländischer Touristen einbrachte. Was tut's, wichtig ist: Taita Chimborazo blieb uns wohlgesonnen und ermöglichte uns alle Aufnahmen, die wir brauchten.

Welche Freude, wir nähern uns Totorillas. Über uns im klaren Morgenlicht der Chimborazo; hinter dem noch im Schatten des Berges liegenden Páramo ragen die Eiszacken des Altar auf, dessen Gipfel in Urzeiten von einer gewaltigen vulkanischen Explosion abgesprengt wurde. Noch weiter südlich, ungefähr 70 Kilometer Luftlinie, der aschegeschwärzte Eiskegel des Sangay, aktivster Vulkan Ekuadors. Alle Minuten stößt er Gas-, Rauch- und Lavafontänen aus und schleudert seine Steinbomben hinunter ins Tal.

Wir lassen die Autos unterhalb des Dorfes zurück. Wir wollen nicht wie eine Invasion in Totorillas einfallen. Ein Vortrupp macht sich auf den Weg. Zuerst werden die Hunde aufmerksam. Wir bleiben in einiger Entfernung zu den Erdhütten stehen und warten. Ein paar Männer kommen uns entgegen. Unsere Bekannten vom Vorjahr sind nicht dabei. Aber die Leute erinnern sich an Berichte von unserem ersten Besuch. Wir überreichen ihnen die mitgebrachten Fotos und erklären unser Anliegen. Laut Drehbuch soll hier eine Szene gedreht werden, in der Humboldt von den Indígenas Quichua lernt und sie dieselben Wörter in Spanisch und vor allem in seinem Deutsch begierig aufnehmen. Wir erfahren, daß Totorillas nur eine Art Vorwerk des Dorfes Chorrera ist. Die einzelnen Familien leben im Wechsel hier oben in den fensterlosen Erdhütten bei nächtlichen Minusgraden wochen- und monatelang, um die Herden zu betreuen. Über unser Anliegen wird eine Indígenaversammlung des Dorfes Chorrera entscheiden müssen, auch über alle Modalitäten wie Entlohnung, Auswahl der Mitwirkenden und ähnliches.

Inzwischen haben die Kinder unsere Autos entdeckt, laufen hin und bitten unsere Kollegen ins Dorf. Die Frauen, junge wie alte, halten sich noch zurück. Sie kämmen sich lange das schwarze Haar und legen bunte Ketten um, ehe sie zu uns kommen.

Wir fahren weiter zum Chimborazo. Schon aus der Entfernung hatte ich gesehen, daß die Schneegrenze viel tiefer liegt als im letzten Jahr. Welche Überraschung aber, als der Weg bei 4500 Metern von einem Dutzend Autobussen oder mehr versperrt ist. Mühsam schlängeln sich unsere Trooper vorbei. Am Refugio wimmelt es von Kindern und Jugendlichen – Kreolen, Indios, Mestizen, auch Neger. Sie tollen herum, bewerfen sich mit Schneebällen. Die Schulen von Ambato haben einen Ausflug zum Chimborazo gemacht. Während wir uns, schwer atmend, für einen Probeaufstieg zur Whymperhütte akklimatisieren, geht es um uns zu wie auf einem Schulhof zu Hause.

Der Chimborazo hat sein Haupt wieder verhüllt, als Marco Cruz, Alejandro Santillán, Roland Dressel und ich die zweihundert Meter Höhenunterschied zum zweiten Refugio in Angriff nehmen. Marco mahnt immer wieder zu Ruhe und Bedacht. An uns vorbei rennen die Kinder bergauf, bergab, als wäre es nichts. Nicht zu übersehen ist aber auch, daß da ein ohnmächtiges Mädchen heruntergetragen wird: der *soroche*, die gefürchtete Höhenkrankheit, genauso unberechenbar wie das Wetter.

Nach einer guten Stunde erreichen wir die zweite Hütte, knapp über fünftausend. Roland geht es nicht gut. Sorgenvolle Blicke von Alejandro und Marco. Ich mache mir ebenfalls Sorgen, nicht nur des Augenblickes wegen, auch bezüglich der künftigen Dreharbeiten. Zwar kenne ich Rolands Energie und vertraue ihr, aber keiner von uns kann sich in diesen Höhen seines eigenen Durchhaltevermögens sicher sein.

Während wir am Berg sind, verhandelt unser Kostümbildner Günter Heidemann mit dem Pfarrer von San Juan über das Ausleihen historischer Indígena-Kleidung. Ich sah darin immer ein Problem, weil ich keinesfalls etwas anfertigen lassen wollte. Günters Verhandlungen sind erfolgreich.

Am Abend *Novillada de Toros* (Stierkampf mit Jungbullen) in Riobamba. Es ist die Woche der Fiesta, der Feiern zum Gründungstag der Stadt. Ich habe in Spanien ein paar Stierkämpfe gesehen, als wir ›Das Luftschiff‹ drehten. Ich könnte ein *aficionado* (Liebhaber, Kenner) werden, hätte ich Gelegenheit dazu. Aber was hier in Riobamba mit den Jungstieren geschieht, läßt mich nach dem ersten Kampf davonlaufen. Ohne das perfekte spanische Zeremoniell, ohne die prachtvollen Monturen der Toreros, Bandilleros, Picadores, ohne ihren Mut, ihre körperliche Grazie (freilich auch in Spanien heutzutage selten) wird die Corrida zum Gemetzel.

22. April 1988

Unser Drehbuch läßt mehrere Szenen im Dorf eines Andentals spielen. Beim Schreiben faßten Schäfer und ich San Gerardo ins Auge. Unsere Compañeros von ASOCINE haben Bedenken, weil in San Gerardo sowohl Indios als auch Mestizen leben, das könnte Schwierigkeiten bereiten. Ebenso ist bedeutungsvoll, ob die Bewohner eines Dorfes traditionell spanisch-katholisch sind oder von den nordamerikanischen Evangelisten beeinflußt. Dieser widernatürliche Streit zweier den Indígenas fremder Religionen um ihre Seelen ist ein finsteres Kapitel, genauso das Auftreten sehr vieler religiöser Sekten. Auf solche Weise werden noch halbwegs funktionierende indianische *comunidades* zerstört und die Gemeindemitglieder gegeneinander aufgewiegelt. Äußeres Zeichen, daß Evangelisten sich um ein Dorf bemühen oder es schon in der Hand haben, ist ein zentral ins Dorf zementiertes Basketballfeld. Die

Indígenas sind in der Regel klein, die Baskets aber so hoch gehängt, wie es die langen Nordamerikaner von zu Hause gewöhnt sind. Ich habe die Indios nie Basketball spielen sehen. Die fremdartige Sportstätte wird genutzt für die Wochenmärkte oder als Spielfeld für ekuadorianisches Volleyball.

Einen Basketballplatz finden wir auch in La Moya vor, dem Ort, den die ASOCINE-Kollegen uns als neues Motiv vorschlagen. Wir gelangen dorthin über die Pflasterreste der alten Panamericana; die Straße wird gesäumt von hohen Eukalyptusbäumen, von Agaven und Kakteen. An den Hängen des fruchtbaren Tales kunstvoll angelegte Terrassenfelder, die noch aus vorkolumbianischer Zeit stammen. Überall wird gearbeitet. Wenn die Frauen die Schafe oder Kühe zur Weide treiben, hören sie im Gehen nie auf, die Handspindel zu drehen. Wie zu Zeiten Humboldts, der den Fleiß der hiesigen Indígenas bewunderte und Ekuador – damals noch als Residentschaft Quito Teil des spanischen Vizekönigreichs Neu-Granada – in dieser Hinsicht die Schweiz oder das Holland Amerikas nannte.

Als wir in La Moya ankommen, eilt die Kunde wie ein Lauffeuer durchs Dorf. Großes Hallo und Umarmungen für Igor Guayasamín, er hatte vor Jahren hier mit seinem Bruder den Dokumentarfilm ›Die Eisholer vom Chimborazo‹ gedreht, einen Film, den ich ebenso schätze wie ihren jüngsten Film zur Indígena-Problematik: ›TIAG‹. Die Männer dieses Ortes hatten über Jahrhunderte hinweg Eisblöcke aus dem Gletschereis geschlagen und sie, kunstvoll in Páramogras verpackt, auf Maultieren, Eseln oder ihrem eigenen Rücken zum Markt nach Riobamba, ja bis ins ferne, an der Küste gelegene Guayaquíl gebracht.Seitdem es in den Städten moderne Kühlaggregate gibt, besteht für dieses Natureis kein Bedarf mehr. Heute verdingen sich die Männer als Saisonarbeiter in der Zuckerrohr-, Bananen- oder Kaffee-Ernte oder als Aushilfsarbeiter an der *costa* oder im *oriente*, dem Amazonasgebiet.

Ein alter Indígena umarmt Igor lange. Juanito wird er von Igor genannt.

Juan Guamán war einer der Hauptakteure des Eisholerfilms. Juan führt uns zu seiner ärmlichen Hüte aus Lehm und Gras am Rande des Dorfes. Immer mehr Kinder, Jugendliche und Männer schließen sich uns an. Juan bietet selbstgebrannten *ron* an. Er spielt auf der Panflöte und singt improvisierte Lieder. Später wird er in unserem Film als Vorsänger auftreten. Als wertvollste Schätze holt er aus seiner Hütte, in der es weder elektrisches Licht noch Wasserversorgung gibt, eine Filmbüchse mit der Kopie des Eisholerfilms und Zeitungsausschnitte darüber, die schon durch viele Hände gegangen sind.

Es fällt mir auf, wie tolerant das Verhältnis zwischen den Alten, den Kindern und Jugendlichen ist. Nur die Frauen sind weitgehend ausgeschlossen. Während Juan spielt und singt und Panflöte wie Rumflasche in der Runde kreisen, eilt seine Frau emsig hin und her, schleppt Futter fürs Vieh und lächelt uns immer freundlich zu.

Schade, daß man über alledem nie die Arbeit vergessen kann. Fredi Hirschmeier späht nach Motiven und erkundigt sich nach möglichen Requisiten. Günter Heidemann läßt sich alte Ponchos und Hüte zeigen. Ich studiere Gesichter. Natürlich möchte ich, daß auch Manuel Miñarcaja, der ehemalige Eisholer, in unserem Film mitwirkt. Lange schaue ich in das stille Gesicht des jungen Alfonso León – könnte er der Indiojunge Pacho sein, der mit Humboldt, Bonpland, Montúfar zum Chimborazo aufsteigt? Wir entschließen uns, den größten Teil der Indígena-Darsteller, auch die Träger für Humboldts Karawane, aus La Moya auszuwählen. Schwieriger ist es, den Ort selbst als Schauplatz zu nutzen, es gibt moderne Häuser, elektrische Leitungen, offenliegende Zementrohre. Die berühmt-berüchtigte Eisenbahn zwischen Guayaquíl und Quito fährt nahe vorbei ... Andererseits sind die Voraussetzungen für eine gute Zusammenarbeit hier äußerst günstig. Wenn wir die Kamerastandpunkte genau festlegen, müßte alles Störende auszusparen sein.

Igor und Alejandro verabreden sich, mit dem Indígena-Rat in den nächsten Wochen alles genau zu besprechen. Als wir von Juans Hütte ins Dorf zurückkehren, sind viele Einwohner herbeigeeilt, sie mustern uns mit erstaunten Blicken. Auf kuriose Weise ist unser Kommen von einem Melder kolportiert worden: Aus den *alemanes* (den Deutschen) hat er die *aluminios* gemacht, die Aluminiummenschen. Großes Gelächter bei den Jugendlichen. Von einem anderen Stern kommen wir wohl noch nicht, oder doch?

Auf der Rückfahrt nach Riobamba geht jeder seinen eigenen Gedanken nach. Im prächtigen Abendrot strahlen die Wolken über dem schwarzen Koloß des Chimborazomassivs. Rötlich bis orange angestrahlt leuchten die bizarren Zacken des Altar, im milden rosa Seitenlicht glänzt die Schneekappe des braunschwarzen Tungurahua.

III

4. Juli 1988

Nun wird es ernst.

Wir sind wieder in Quito, gestern abend sind Roland Dressel und ich als Vorhut des Drehstabes hier angekommen. Die erste Nachricht ist eine schlechte. Unser Freund Igor Guayasmín mußte sich einer Blinddarmoperation unterziehen. Es ging auf Leben und Tod. Zwar hat er das Schlimmste überstanden und das Krankenhaus schon wieder verlassen, wird aber nicht mit uns arbeiten können. Seinen Aufgabenbereich, die Verbindung zu den Indígenagemeinschaften, übernimmmt Pocho Alvarez. Ansonsten treffen wir die alten Freunde: Alejandro Santillán, sozusagen der *jefe* (Chef) des ekuadorianischen Produktionsteams, aber zugleich wichtiger künstlerischer Berater, wie Igor und auch Pocho. Norma Corral, sie verwaltet das Geld; Lilián Granda, für Ausstattung und Requisite verantwortlich; Cristóbal Corral, Verbindungsmann zum Kamerateam. Dazu stoßen der Logistiker Jorge Vivanco, die Kostümberaterin Elena Corral und viele andere. Aus Kolumbien kommt der Produktionsleiter Juan Escobar. Renato Ortega ist gebürtiger Chilene, nach Pinochets Putsch mußte er mit seiner Familie emigrieren. Er wird im Film als junger Aristokrat mitwirken und arbeitet zugleich als Dolmetscher für uns. Der Regie-Dolmetscher Klaus-Pedro Schütt ist Bolivianer. Er hat in Westberlin Film studiert, einen schönen Dokumentarfilm über die bolivianische Naturmedizin Kalawaya gedreht. Da er in Bolivien keine Arbeitsmöglichkeiten findet, lebt er jetzt mit seiner Familie in Ekuador. Viel mehr als ein Dolmetscher, wird er mir unentbehrlicher Berater, Assistent und Freund werden bei unserer gemeinsamen Arbeit. Eine der guten Seelen des Teams.

Am Morgen wechsle ich in der Bank gegenüber dem Hotel meine Spesen in Landeswährung. Der *Sucre* ist im Vergleich zum April schon wieder um zehn bis fünfzehn Prozent gefallen, gegenüber dem Vorjahr um etwa achtzig Prozent. Vorm Hotel bauen Indios aus der Cotopaxi-Region ihre auf Schafsleder gemalten naiven Bilder auf. Kaum eines ohne ihren Vulkan im Hintergrund, dessen Schneehaupt oft ein unverhältnismäßig großer Kondor krönt. Besonders an Wochenenden sieht man sie umringt von feilschenden Touristen, die Freitagabend, aus Kolumbien oder Venezuela kommend, in Quito einfliegen, um am Sonnabend den berühmten Indiomarkt in Otavalo heimzusuchen, sich am Äquatordenkmal fotografieren zu lassen, und am Montag weiterreisen Richtung Peru – Lima, Cuzco, Machu Picchu. Südamerika in zwölf bis vierzehn Tagen für meist ältere Herrschaften aus USA, Westeuropa, Japan.

Die Bank wird bewacht von einem schwerbewaffneten jungen Soldaten indianischer Herkunft. Am Schalter wartend, beobachte ich durch die große, blank gewienerte Glasscheibe, wie ein paar Straßenjungen, fünf bis elf Jahre alt, mit dem jungen Soldaten verhandeln, ihm ein Geldstück in die Hand drücken. Er sieht es sich genau an, dann kommt er in die Bank und wechselt für die Jungs die ausländische Münze gegen Sucres. Bevor er die Bank verläßt, holt er aus einem Hinterraum einen Stapel Schuhputzerkisten und balanciert sie über seiner automatischen Waffe zu den Straßenkindern. Sie nehmen die Sucre-Scheine entgegen und ihr Handwerkszeug, das sie offensichtlich nachts in der Bank unterstellen, damit es ihnen nicht gestohlen wird. Der Soldat hilft ihnen dabei, er mag einst ein ähnliches Leben wie sie geführt haben. Doch nicht nur solche Episoden haben wir mit den *gamines*, den Straßenkindern, erlebt. Spät in der Nacht erschüttert einen der Anblick der kleinen Indiomädchen, die vorm Hotel *Colon* ein Blumensträußchen verkaufen möchten. In der Nähe der Straßenrestaurants warten die Kinder darauf, daß ihnen die Gäste ihre Speisereste in die Schuhputzkisten schütten, Maiskörner, etwas Brot oder *cebiche*, den kalten, scharfen Auflauf aus Tomate, Zwiebel, Pfeffer, Krabben, Muscheln, Bittterpomeranzen. Vergangenes Jahr stürmte nachts eine Gruppe hilfeschreiender Kinder auf uns zu. Jugendliche wollten sie überfallen und ihnen die überlebensnotwendigen Tageseinnahmen rauben. Sie flehten uns um Hilfe an. Das einzige, was wir tun konnten: ihnen in einem nach Mitternacht noch geöffneten Restaurant warme Suppe kaufen und bei ihnen ausharren, bis die jugendliche Gang sich zurückgezogen hatte. Aber jede Hilfeleistung ist ein Tropfen im Ozean. Der eigentlichen Hilflosigkeit ist man sich ständig bewußt – und der Schuld, die Europäer und Nordamerikaner immer neu auf sich laden in ihrem Verhalten zur sogenannten Dritten Welt. Die Schuld beginnt schon mit der Weigerung, überhaupt etwas zur Kenntnis zu nehmen. Wie die Mehrzahl der Deutschen während der Zeit faschistischer Diktatur sich weigerte, das Schicksal der Juden zur Kenntnis zu nehmen, so verdrängt die Bevölkerung der Industriestaaten heute das Schicksal der hungernden, dahinvegetierenden Völker Afrikas, Asiens, Amerikas. Unsere Mitschuld ist nicht geringer.

6. Juli 1988

Wir fahren zum Cotopaxi-Nationalpark. Das Motiv für die Gletscherüberquerung ist noch festzulegen. Die Szene spielt zwar am Chimborazo, aber dessen Gletscher reichen nicht weit genug herab, sind für das Filmteam nicht erreichbar. Man schlägt uns als Ersatz die Gletscher am Cotopaxi oder am Cayambe vor. Unser Cotopaxi-Versuch im April war gescheitert. Sollten wir zum nördlich von Quito gelegenen Cayambe fahren müssen, brächte das für die Dreharbeiten große organisatorische und logistische Schwierigkeiten mit sich.

In den Nationalpark am Cotopaxi fährt man durch beinahe märkischen Kiefernwald. Am Schlagbaum, wo man seinen Obolus entrichten muß, ist eine Lamafarm. Man findet in Ekuador kaum noch wild lebende Lamas, es wird aber versucht, sie wieder heimisch zu machen. Man möchte die Tiere mit den – sehr menschlichen – Eigenschaften liebenswürdig und neugierig charakterisieren. Ich habe nie ein Lama spucken sehen. Die Wolle wird zu Hutfilz verarbeitet, zu schön gemusterten Tuchen und Strickwaren. Humboldt schreibt, zu seiner Zeit hätten die Indianerinnen der Region Riobamba eine so entschiedene Vorliebe für die Lamas gehabt, daß sie, auch wenn es keine Last zu tragen gab, die Tiere bei der kleinsten Reise mitschleppten.

Aus dem Wald wieder heraus, gelangt man zur großartigen Hochebene Limpiopungo, etwa 3800 Meter hoch. Über ihr thront der Vulkankegel des Cotopaxi, so gleichmäßig, um mit Humboldt zu sprechen, als hätte ein Drechsler oder Bildhauer ihn gestaltet. 5896 Meter hoch, er ist noch aktiv; es gibt Befürchtungen, er könnte in den nächsten Jahren ausbrechen. Wenn für mich der Chimborazo der gewaltigste und geheimnisvollste dieser Berge ist, so der Cotopaxi der schönste. Aber er hat uns nie verziehen, daß er in unserem Film nur die zweite Rolle spielt, und dafür strafte er uns immer aufs neue mit Wetterunbilden aller Art. Da half auch kein Tschalieren.

Gegenüber dem Cotopaxi begrenzen die zerklüfteten schwarzen Wände des Rumiñahui, 4712 Meter, den Páramo. Die nördliche Begrenzung bildet der Sincholahua, 4919 Meter hoch. Während der Dreharbeiten wird er sich uns an keinem einzigen Tag zeigen. Die totale Verweigerung.

Am Cotopaxi kann man bis auf 4600 Meter hinauffahren. Dann muß man zweihundert Meter bis zum Refugio steigen, einen eigentlich bequemen Weg über rötlich-schwarze Vulkanasche, wäre da nicht die Wirkung des verminderten Drucks und Sauerstoffgehalts der Luft auf Herz, Kreislauf und Atmung. Unser Trupp besteht aus Roland Dressel, Pedro Schütt und zwei jungen Assistenten von Marco Cruz, Manuel (18) und Rodrigo (21). Der Cotopaxi verhüllt zwar seinen Kraterrand, aber das Wetter ist angenehm. An der Hütte sind ein paar Touristen; drei junge Engländer kommen mit Skiern vom Gipfel; eine Familie aus Quito sonnt sich, der dreizehnjährige Sohn filmt mit der Videokamera. Wir kommen ins Gespräch über seine Ausrüstung und unsere. Als er hört, daß wir einen Film über Humboldt drehen wollen, weiß er sofort Bescheid: Ah, Alejandro Humboldt, der berühmte Forscher! Diese Erfahrung wird sich ständig wiederholen, Humboldt scheint in Ekuador bekannter zu sein als in Europa. Man spricht uns auf der Straße an, auf dem Markt, in den Dörfern: Ihr also seid das Team des Humboldt-Films! Fernsehen, Presse und Funk berichten ständig über unsere Arbeit in Live-Interviews, Reportagen übers Drehen und ähnlichem. Ein so großes Interesse an Filmarbeit ist mir aus der DDR nicht bekannt.

Der Weg zum Cotopaxi-Gletscher führt vom Refugio leicht bergan. Am Gletscherrand passen Manuel und Rodrigo uns Steigeisen an. Ich habe diese Dinger zum ersten Mal unter den Sohlen. Wir werden angeseilt. Die Sonne scheint, das gleißende Gletschereis blendet uns. Jeder Schritt wird mit dem Eispickel sondiert, unter dem feuchten Schnee verstecken sich die gefürchteten Gletscherspalten. Es fallen ständig nur zwei Worte: *Cuidado! Grieta!* (Achtung! Spalt!). Bei der enormen Konzentration bemerkt man kaum den Kraftaufwand, den jeder Schritt, besonders jedes wirkliche Klettern, bedeutet. Mitten im Gletscher soll im Steilanstieg eine regelrechte Wand bezwungen werden. Ich sehe darin eigentlich keinen Sinn mehr, aber Roland ist befallen von einer Art Höheneuphorie, er will unbedingt weiter. Wir müssen ihn gewaltsam aufhalten und zur Umkehr zwingen. Wir sind höchstens zweihundert Meter im Gletscher vorgedrungen, aber das hat uns zwei Stunden gekostet.

Als wir wieder Gestein unter den Füßen haben und die Steigeisen abschnallen, bricht es los: innerhalb von Sekunden Schnee und Sturm. Wir tasten uns wie blind zu den Autos zurück. Roland geht es kotzjämmerlich, sein Magen rebelliert, bis er leer ist. Pedro Schütt beruhigt ihn: Don Roland, den Soroche kriegt man nur einmal, dann achtet der Körper von selbst darauf, was man seiner Konstitution zumuten darf.

Wir fahren zu Pedro nach Tumbaco, einem kleinen ländlichen Ort nahe Quito, in einem subtropischen Tal. Hier lebt er mit seiner Frau und vier Töchtern auf einem urwaldartigen Gelände. Er bietet uns Koka-Tee an zur Wiederbelebung unserer Kräfte und versichert, der Tee aus den Blättern der Kokapflanze habe mit der Droge so wenig zu tun wie etwa Coca-Cola. Die Wirkung des Tees ist erstaunlich. Die Strapazen des Tages verlieren jede Nachwirkung. Man wird hellwach und möglicherweise aggressiv.

Als wir im *Colon* zu Quito eintreffen, sind soeben die Kollegen des Drehstabs und die Schauspieler aus Deutschland angekommen. Wir sitzen bis tief in die Nacht beisammen. Es gibt viel zu besprechen. Und es gibt Krach zwischen dem TORO-Produzenten Karl Menzinger und mir noch vor dem ersten Drehtag. Die ASOCINE-Freunde verfolgen erstaunt den erregten deutschen Wortwechsel. Dorle Hildebrandt, unsere DEFA-Produktionsleiterin, versucht zu schlichten. Das einzig Vernünftige ist, schlafen zu gehen und sich am nächsten Morgen so zu verhalten, als hätte es den letzten Abend nicht gegeben. Das haben wir dann auch beide getan und fortan wie vorher gut zusammengearbeitet. Wenn zwischen Produzent und Regisseur immer wieder mal Konflikte auszutragen sind, so ist das normal. Der eine stellt das Geld zur Verfügung, der andere gibt es aus, da läßt sich Streit kaum vermeiden, auch wenn es um ein gemeinsames Werk geht.

8. Juli 1988

Drei Tage vor Drehbeginn fahren wir zum Chimborazo, um in La Moya die Indígenas auszuwählen, die im Film mitwirken werden. Der Empfang im Dorf ist herzlich. Wir verteilen die Fotos, die wir im April gemacht haben, und Äpfel, die wir in Riobamba gekauft haben, einfache Gastgeschenke. Die Kinder umlagern uns, sie haben sich unsere Namen gemerkt und formen schüchtern lächelnd die fremden Laute. Mit der *bocina,* einem zwei Meter langen Blasinstrument, werden die Dorfbewohner zusammengerufen. Alle wissen Bescheid über unser Anliegen. Alejandro, Igor, Pocho haben gut vorgearbeitet.

Jorge Miñarcaja, *el jefe de la comunidad* (Gemeindevorsteher) bittet uns in die Schule. Jeder Dorfbewohner begrüßt uns mit Handschlag. Die Indígenas legen großen Wert auf diese Art der Begrüßung. Ganz gleich, wie oft man sich am Tage sieht, immer wird die Hand geschüttelt. Die Schule ist ein scheunenartiges Gebäude. Die Fensterfronten an den Längsseiten sind ohne Glas. Es gibt weder Tische noch Stühle, nur zwei Bänke. Auf der einen sitzen *el jefe* und *el secretario*, auf der anderen wir. Die Männer des Dorfes stehen links, rechts sitzen die Frauen und Kinder auf dem Boden, unaufhörlich bewegen sich in ihren Händen die Spindeln, mit denen sie Schafwolle spinnen. In der rasch eintretenden Dämmerung ist es innerhalb von zehn Minuten so dunkel, daß ich keines der Gesichter mehr erkennen kann. Eine metaphorische Szenerie, die schwarzen Schattenrisse der Indígenas. Ich, der Europäer, erkläre diesen fremden Menschen, warum ich zu ihnen gekommen bin. Ich weiß und sie wissen, daß Weiße selten aus lauteren Gründen zu ihnen kamen. Ein junger Mann aus dem Dorf übersetzt ins Quichua, da die Frauen kaum Spanisch verstehen. Man fragt uns, wer Humboldt war. Ein älterer Mann möchte wissen, wie man vor zweihundert Jahren Filme gedreht hat. Die Jungen lachen darüber. Einige besitzen Radiorecorder und tragen sie als ihr Statussymbol stolz mit sich. Die Entlohnungsbedingungen werden besprochen. Sie möchten von mir bestätigt bekommen, was bereits ausgehandelt wurde. Jeder Mitwirkende soll die gleiche Tagesgage bekommen, unabhängig von der Bedeutung seiner Rolle. Wichtiger aber ist, daß die gesamte Gemeinschaft etwas von den Dreharbeiten hat, sie sollen allen zugute kommen: ein Pumpenhaus zur Bewässerung der Felder soll gebaut werden.

Dann werden mir im Licht unserer Autoscheinwerfer die vorausgewählten Darsteller vorgestellt. Ich muß mich auf diese Vorschläge verlassen, denn Zeit zum Probieren ist nicht mehr. Es wird sich herausstellen, daß unsere ASOCINE-Freunde mit größter Sorgfalt und tiefem Einfühlungsvermögen das Ensemble zusammengestellt haben. Da ist Pedro Sisa, fünfzehn Jahre alt, der einzige, der mit Dorfschulabschluß nach Riobamba aufs Gymnasium geht und dessen Traum es ist, etwas mit Computern zu studieren. Er soll die wichtige Rolle des Barometerträgers Pacho spielen. Bei den Proben war er der Beste; Alfonso, den wir im April kennengelernt hatten, wird als *caravanero* (Karawanenführer, -treiber, -träger) arbeiten. María Silveria Sanunga wird die alte Indígenafrau sein, die Humboldt fragt, warum er seine Heimat verlassen hat, und die den Chimborazo um Schutz für den fremden jungen Mann anfleht. Eine Frau von Stolz und Würde. Da ist Taita Fortunato Hipo, etwa siebzig Jahre alt, er wird als Schamane im Film auftreten; da ist unser alter Bekannter Juan Guamán, der Vorsänger. Die Gesichter der *caravaneros* ziehen an uns vorüber, fast täglich werden wir mit ihnen zusammen sein. Das Abenteuer unserer gemeinsamen Arbeit kann beginnen.

Ich habe ein gutes Gefühl.

11. Juli 1988

Endlich erster Drehtag. Im Tal von Los Chillos, auf der Hazienda *Las Herrerías,* die der Witwe des Expräsidenten Camilo Ponce gehört. Zwei Mitglieder der Familie werden in kleinen Rollen mitwirken. Wir drehen hier den Aufbruch Humboldts von der Hazienda des Marqués de Selva-Alegre, Vater des Carlos Montúfar, zum Chimborazo. Mit diesen Szenen beginnt unser Film.

Am Vortag waren wir zu letzten Absprachen, Dekorations- und Kostümabnahmen hier. Vor der Hazienda erwartete uns eine Überraschung: Ein Zeltlager, das von Marco Cruz aufgebaute Verpflegungscamp für uns. Hübsche junge Mestizinnen in roten Phantasiedirndlkleidern eilen geschäftig hin und her. In dieser Tracht bewirten sie sonst die Touristen vom Deutschen Alpenverein. Auch ein deutscher Koch ist engagiert. Marco geht davon aus, daß die Deutschen auch in der Fremde gern ein Stück Heimat um sich haben, so verkaufen sich seine Dienstleistungen besser. Rolands und meinen Geschmack trifft er damit nicht; wir wollen der uns fremden Kultur wirklich begegnen, sie uns förmlich einverleiben. Herzliches Wiedersehen mit Baltázar; als Marcos erster Assistent ist er Mädchen für alles, im Camp und bei den Aufstiegen.

Wir drehen in den reich ausgestatteten Innenräumen, Speisezimmer, Schlafzimmer, Kirche und Küche. Es muß nur wenig verändert werden. Mobiliar und Requisiten sind im Stil der Zeit. Sorgen machen mir die Kostüme für das Dienstpersonal, sie sind zu bunt, zu folkloristisch. Bis zum letzten Moment wird verändert, patiniert. Bevor wir die Schlafzimmerszene drehen, sprechen wir über die vermutete erotische Beziehung zwischen Humboldt und Montúfar. In unserem Film soll Humboldts Homosexualität, von der wir überzeugt sind, nicht tabuisiert werden wie in nahezu allen, auch modernen Biographien. Pedro Schütt prophezeit mir: Mit diesem Film wirst du dir in der DDR den Unmut der Ideologen einhandeln, in Westeuropa die kommerziell orientierten Verleiher erschrecken, und die Macho-Latinos werden es nur schwer verkraften, einen schwulen Humboldt vorgesetzt zu bekommen.

Gegen Mittag kommen aus La Moya Pedro Sisa, unser Pacho, und Miguel Miñarcaja, Pochos Assistent für die Arbeit mit den Indígenas. Pedros Rolle ist zwar noch nicht an der Reihe, aber ich will, daß der Junge sich vorher bei uns einlebt, seine Scheu verliert, Hemmungen abstreift. Miguelito sieht aus wie achtzehn, ist aber Mitte zwanzig und schon verwitwet. Er arbeitet in La Moya als Zimmermann und dolmetscht für uns Spanisch-Quichua. Er hat noch nie mit Film zu tun gehabt, doch in kürzester Zeit wird er zum Profi und unentbehrlichen Helfer.

Er und Pedro Sisa wagen sich kaum auf die Terrasse der herrschaftlichen Hazienda, geschweige denn ins Hausinnere. Erst nach wiederholten Aufforderungen treten sie ein. In ihren Augen spiegelt sich der Reichtum eines Lebens, das für die Jungen aus dem Bergdorf am Chimborazo nicht vorstellbar war. Das sind hermetisch getrennte Welten. Ein anderer Hazendero, der Conde von Chillo y Jijón, hatte uns keine Dreherlaubnis gegeben, weil er um seinen Besitz fürchtete, würde er der ekuadorianischen Bevölkerung vor Augen geführt.

18. Juli 1988

Wir sind umgezogen in die Hostería *Rumipamba de los rosos* am Stadtrand von Salcedo, ein Ferienhotel im Bungalowstil. Die Nächte sind so eiskalt, daß wir die elektrischen Heizungen anstellen müssen. Die Drehtage am Cotopaxi stehen auf dem Programm. Nebel und Regen begleiten unsere zweistündige Anfahrt. Nicht ein einziger Berg ist zu sehen. Als wir die Hochebene erreichen, wird der Nebel gleißend hell. Herden wilder Pferde tauchen schemenhaft auf und beäugen uns. Dann fahren wir aus den Wolken wie aus einer Wand in glasklares Höhenlicht. Humboldts Instrumente sind hier aufgestellt, all die Sextanten, Quadranten, Fernrohre, Spiegelkreise, Theodoliten, Bussolen, Barometer, Elektrometer, Hygrometer, Magnetometer usw., die Alfred Hirschmeier hat nachbauen lassen, eine surreale Komposition vor dem Kegel des Vulkans, der links und rechts von statischen Wolkenbarrieren eingegrenzt ist.

Wir können nicht drehen, weil die Transporte mit den Karawanentieren noch nicht angekommen sind. Stunden vergehen. Taita Fortunato zeigt mir die Requisiten für sein Schamanenritual. Steinchen und Knöchel, kleine getrocknete Pflanzen, Papierfetzen, Streichhölzer, zu Pulvern zerriebene Materialien, alles ausgebreitet auf einem Zeitungsbogen. Er ist sehr aufgeregt, befürchtet, etwas vergessen zu haben oder mein Mißfallen zu erregen. Auch ist noch zu klären, ob mit Rum oder selbstgebranntem *puro* tschaliert werden soll. Wir sondern vorsichtig alles Moderne aus, einigen uns auf Puro, lassen uns das Ritual erklären. Aber ich will es nicht vorprobieren, aus Furcht, es könnte sich dabei Authentisches abschleifen. Ich bemerke, daß es besser ist, wenn ich versuche, mich mit den Indígenas in meinem mangelhaften Spanisch zu verständigen als über Dolmetscher. Die Fremdheit baut sich ab, und selbst wenn sie nicht jedes Wort verstehen, wird ihnen meist klar, was ich sagen will.

Endlich kommen die Lastautos mit den Pferden, Maultieren, Eseln und Lamas. Die Erregung über die Verspätung ist groß, die Schuldigen sind schwer zu ermitteln. Als die Tiere abgeladen sind, ist vom Berg nichts mehr zu sehen. Nebel und Regen brodeln über der Hochebene. Der Sturm dringt durch Thermoanzug und übereinandergezogene Wollpullover. Dieser Sommer 1988 am Äquator wird der kälteste meines bisherigen Lebens.

Als wir am Nachmittag endlich drehen können, zelebriert Taita Fortunato das Ritual der Berganrufung. Die *caravaneros* haben sich in einen Kreis gesetzt, in dessen Mitte der Schamane seine Utensilien ausgebreitet hat. Humboldt und Montúfar beobachten die Zeremonie aus der Entfernung. Bonpland läßt sich bei seinen botanischen Arbeiten nicht stören. Wir haben außerhalb des Kreises mehrere Kamerapositionen festgelegt. Tonmeister Fred Sobczyk hat seine Mikrofone versteckt. Der unablässig heulende Sturm ist sein schlimmster Feind, alle Kollegen müssen darauf achten, daß sie nicht ins Blickfeld der sich verändernden Kamerawinkel kommen. Hoffentlich lassen sich die Darsteller von diesem Hin und Her außerhalb des Kreises nicht ablenken.

Es kann losgehen. Ein Blick durchs Panglas verspricht ein größeres Wolkenloch. Taita Fortunato richtet sein Wort an die Berge, doch als er das erste Mal den Puro über einen langen Stab in Richtung der Vulkane versprüht, löst das bei den jungen *caravaneros* Heiterkeit aus. Sie möchten nicht, daß wir annehmen, sie glaubten noch an solch heidnische Bräuche. Doch als sie verstanden haben, daß sie als Personen aus Humboldts Zeit reagieren, läuft die Beschwörung mit großer Konzentration ab, nur unterbrochen von unserem Kassettenwechsel. Als der Schamane mit ausführlichem Tschalieren an alle Berge geendet hat, rufen die älteren Caravaneros die Berge mit der Quichuaformel *shamui* an: Shamui Cotopaxi! – Shamui Rumiñahui! – Shamui Sangay! – Shamui MamaTungurahua! – Shamui Taita Chimborazo!

Die zerfurchten Gesichter der Indígenas und die Berge ihrer Heimat bilden eine einheitliche Landschaft.

21. Juli 1988

Das tagelange Drehen in fast 4000 Meter Höhe zehrt an unseren Kräften, eine gereizte Stimmung macht sich breit, die Konzentration läßt nach, alles muß mehrmals angesagt werden. Immer wieder gibt es Probleme mit den Tiertransporten. Dann streikt die Tonapparatur. Die Absprachen zwischen unserem Aufnahmeleiter Günter Berger und den Ekuadorianern lassen immer neue Mißverständnisse zu. Eine kritische Situation, zumal heute mit der Szene der Schneewaschung der Dreh am Cotopaxi-Gletscher beginnen soll, 4800 bis 5000 Meter hoch. Die Einfahrt zum Nationalpark ist versperrt, die Mitarbeiter streiken für bessere Bezahlung. Nach langen Verhandlungen und nachdem wir ihnen unsere Solidarität erklärt haben, lassen sie uns passieren. Dann erfahren wir, daß in der Nacht ein Puma, ein Berglöwe, Manuel und Rodrigo, die unsere Instrumente bewachten, in Schrecken versetzt hat.

Wir frühstücken im Camp auf der Hochebene. Zwei Assistenten Marcos haben die Nacht schon im Zelt am Gletscher verbracht. Über Funk teilen sie uns mit, daß es geschneit habe, die Schneegrenze liege fast fünfhundert Meter tiefer als sonst. Marco meint, es sei unglaublich, was für ein Glück wir hätten, denn so könnten wir nun entsprechend weiter unten drehen. Wie zur Bestätigung zeigt sich uns der Cotopaxi in seinem schneeigen Märchenkleid.

Wir drängen zum Aufbruch. Bei 4300 Metern versperren uns die Tiertransporte den Weg, sie kommen auf dem nassen, steilen Weg nicht weiter. Die dünne Schneedecke taut zusehends. Als wir in dichtem Nebel 4600 Meter erreichen, wirft uns der Sturm fast um, und vom Schnee sind nur noch Reste übrig. Wir müssen also doch höher hinauf. Marco spannt sich vors Team, seine jungen Träger laden sich das Kamera- und

Tongepäck auf. Dann stampfen wir in Serpentinen hoch. *Papacara* (Eisnadelregen) zersticht uns das Gesicht. Streckenweise, wenn der Wind direkt von vorn weht, kann man nur rückwärts gehen. Der Trupp zerbröckelt. Jeder muß sein Tempo finden. Nach einer reichlichen Stunde erreichen die ersten die beiden kleinen Bergzelte auf 4800 Meter. Wir wärmen uns auf mit Tee und einem Schluck Whisky, nehmen etwas Proviant zu uns, den jeder im Rucksack bei sich hat. Für die meisten von uns ist dies der erste Aufstieg. Ich bin heilfroh, als sie alle angekommen sind. Aber man kann sich nur schwer vorstellen, jetzt wieder aufstehen und arbeiten zu müssen. Dann hören wir das Nahen der Karawane, die hohen Rufe der Indígenas, mit denen sie die Tiere anspornen. Nachdem einmal besprochen worden war, mit welchen Gepäckstücken und Geräten die einzelnen Tiere bepackt werden sollen, haben die Caravaneros das tägliche Be- und Entladen völlig in eigene Regie genommen. Heute mußten sie die Tiere von den steckengebliebenen Lastwagen holen, deshalb hat sich ihre Ankunft verzögert. Der erste, den wir sehen, ist Jorge, *el jefe,* Vorbild an Disziplin und Zuverlässigkeit für alle. Dann auch Pacho. Er legt sich zu uns ins Zelt und sagt, er sei *mucho cansado* (sehr müde, erschöpft). Warum wir denn so weit oben arbeiten müssen, fragt er vorwurfsvoll. Alejandro zählt ab; einer fehlt: Alfredo, der Jüngste. Ein Suchtrupp geht den Weg zurück. Sie finden den Fünfzehnjährigen weinend an sein Lama geschmiegt. Es hat den weiteren Aufstieg verweigert, weil es etwas zu schwer beladen ist. Als dem Tier ein Teil der Last abgenommen ist, steht es auf, und die beiden kommen glücklich bei uns an.

Immer wieder die bange Frage an Marco: Wird der Himmel frei werden? Immer dieselbe Antwort: Niemand kann es voraussagen. Apathie greift um sich. Marco zwingt uns hoch. Als es für Sekunden heller wird, treibt er uns zum Gletscher. Aber es war falscher Alarm. Nach weiteren Stunden des Wartens brechen wir ab. Jeder versucht, so schnell wie möglich die warmen Autos zu erreichen. Die Caravaneros rennen die steilen Hänge hinunter, einige reiten. Die klugen Maultiere suchen sich ihren eigenen Rückweg.

Solche Ausfälle können wir uns bei dem auf den Tag festgelegten Drehplan kaum leisten. Wir haben keine Zeitreserven.

24. Juli 1988

Das Martyrium am Cotopaxi dauert an. Zwei Tage haben wir bei jedem Wetter am Gletscher gedreht. Es ging nicht ohne Kompromisse. Jeder von uns hat das Gefühl, am nächsten Tage den Aufstieg nicht mehr zu schaffen. Olivier Pascalin (er spielt den Bonpland) stürzt und zieht sich eine Prellung zu. Luis Miguel Campos klappt zusammen, weil seine Stiefel vom eiskalten Gletscherwasser durchweicht sind. Regie-Assistent Dietmar Haiduk muß krank zurückbleiben. Die Aufnahmeleiter unternehmen gar nicht erst den Versuch, zu unserer Hilfe mit hinaufzuklettern. Doch wir bekommen auch unerwartete Unterstützung. Uns zugesellt hat sich Peter, gebürtiger Chilene. Er war in Lübeck im Exil, ging dann nach Alaska, machte auf den Ölfeldern Geld und befindet sich zur Zeit auf Motorradtrip von Alaska nach Feuerland. In Quito hat er von unserem Team gehört. Da er schon immer einmal beim Filmen dabeisein wollte, erwartet er uns eines Tages mit seiner schweren Kawasaki vorm Hotel. Eine Woche wird er uns begleiten, als Dolmetscher einspringen oder Gepäck für uns schleppen. Dann fährt er weiter, begeistert von der Filmerei, zur Schwester nach Peru.

Wieder steigen wir hoch zum Gletscher. Der Wind ist noch stürmischer, der Eisregen noch stechender als an den Vortagen. In der Nacht hat *el lobo,* der Wolf, ein Paar Fellhosen vom Zelt der Wächter geraubt. Koste es, was es wolle, heute müssen wir ins Eis. Marco und Alejandro haben ein Sicherungsseil im Gletscher hochgezogen für das Kamerateam. Wir legen die Steigeisen an. Roland und ich seilen uns als erste an und machen uns auf die Suche nach dem Kamerastandpunkt, von dem wir unsere vier Darsteller beim Aufstieg beobachten können. Wolfgang Ebert und Dietram Kleist, die Kamera-Assistenten, sowie Norbert Lude, der Beleuchter, folgen uns. Marcos Assistenten seilen die Technik hoch. Es dauert ewig, bis die Schauspieler fertig sind. Unter ihren Stiefeln werden Steigeisen angebracht und mit Tüchern umwickelt, damit sie nicht zu sehen sind. Der Vorgang scheint unendliche Zeit zu verbrauchen. Als sich herausstellt, daß nur moderne Seile mit Karabinerhaken vorhanden sind, die natürlich nicht ins Bild passen, ziehen sich die Schauspieler murrend wieder ins Zelt zurück. Wir stehen als Eiszapfen im Gletscher und schreien uns die Seele aus dem Leib, weil die Sprechfunkgeräte nicht funktionieren. Gerade ist das Wetter ideal, klare Sicht weit über die Hochebene. Eine Steinlawine löst sich neben dem Gletscher, unser Requisiteur Jörg Danneberg rettet sich mit einer Kaskade hinter einen Felsblock.

Endlich sind die Schauspieler fertig. Klaus Friedrich, der Maskenbildner, hangelt sich auch noch hoch zu uns. Unten tasten sich die vier mit den Eispickeln auf den Gletscher, miteinander durch ein Seil verbunden, ohne weitere Sicherung. Wir drehen ihren etwa einstündigen Aufstieg in verschiedenen Passagen. Immer wieder die Frage an Jan Liefers, Olivier Pascalin, Luis Miguel Campos und Pedro Sisa: Schafft ihr's, könnt ihr noch? Nicht zu entscheiden, ob ihre Erschöpfung so echt ist, wie sie sich uns mitteilt. Sonne bricht durch, in der nächsten Minute schneit es wieder. Marco ruft Pedro zu, er soll im gleißenden Licht die Augen schließen, um nicht schneeblind zu werden. Die anderen tragen geschwärzte Augengläser. Als sie bei uns angekommen sind, tritt Klaus Friedrich in Aktion und verstärkt, entsprechend Humboldts Beschreibung, die Höhensymptome in ihren Gesichtern: blutig aufgesprungene Lippen, rot unterlaufene Augen, Blut aus Zahnfleisch und Nase. So extrem, wie Humboldt es schildert, haben wir das nicht erfahren. Hat sich die menschliche Konstitution in zweihundert Jahren zunehmender Bergsteigerei verändert, besser angepaßt? Oder hat Humboldt übertrieben? Alles in allem machen seine Tagebücher diesen Eindruck nicht, er stellt, was er durchlitten hat, niemals aus.

Als wir absteigen, ist es schon dunkel. Wir haben alles geschafft, und die Einstellungen, um die ich mir die meisten Sorgen machte, im Kasten. Aber der Tag hat nicht nur Kraft gekostet, auch Nerven. Die oben waren, geraten sich mit denen in die Haare, die unten blieben. Ich habe keine Lust, ins Hotel zu fahren und mich über Organisationsprobleme zu streiten, die mich eigentlich nichts angehen sollten. So fahre ich mit Pocho Alvarez und Pedro Sisa ins Hotel *Estambul* nach Latacunga, wo die Compañeros aus La Moya wohnen. Sie hatten heute einen freien Tag, an dem sie nach Baños in die Thermalbäder fuhren. Im Auto fragt mich Pedro nach meinem Zuhause, nach meiner Familie. Als er hört, daß ich eine Tochter in seinem Alter habe, sagt er, dann möchte er gerne mit nach Alemania kommen. Von seiner anfänglichen Scheu ist nichts mehr zu spüren. Er ist mittlerweile der kleine selbstbewußte Star unserer Truppe. Auf sympathische Weise erinnert mich das an die Kinder- und Jugenddarsteller in früheren Filmen von mir.

Die Caravaneros freuen sich über den Besuch. Wir trinken eine Flasche Rum und erzählen von unseren so verschiedenen Leben. Es wird ein schöner Abend, der mich Anstrengungen und Ärger des Tages vergessen läßt.

28. Juli 1988

Wir drehen den zweiten Tag am Chimborazo. Gestern haben wir die am Cotopaxi begonnene Szene der Schneewaschung fortgesetzt. Ich habe große Zweifel, ob wir das montieren können, denn es herrschten völlig andere Lichtverhältnisse. Wir warteten bei 4900 Meter drei Stunden auf die Tiertransporte, ehe wir beginnen konnten. Furioser Streit deshalb zwischen Roland und den Organisatoren, gipfelnd in der Drohung des Produzenten, den Kameramann ablösen zu lassen. Einspruch meinerseits, dann müsse er sich auch einen neuen Regisseur suchen. Die Blutleere in unseren Gehirnen wollen wir der Höhe zuschreiben.

Heute sollen die ersten Einstellungen auf dem 5400 Meter hohen Grat gedreht werden. Im Morgengrauen erreichen wir unser Camp im Tal von Totorillas. Die Zelte sind bereift. Hier nehmen wir unser Frühstück ein. Wie vereinsamt stehen Lamas und Esel in der eisigen Nässe. Nur der 12jährige Hütejunge ist bei ihnen. Er tut mir jeden Tag von neuem leid; ich kriege nicht heraus, wo er übernachtet, wie er sich verpflegt. Ich hoffe auf die Solidarität von Marcos Assistenten, aber sicher bin ich mir nicht, auch unter ihnen gibt es Hierarchien.

Marcos drei Kinder, zwei Mädchen, 4 und 16, und der 9jährige Sohn kriechen vermummt aus den kalten Zelten, sie sind immer mit uns unterwegs.

Noch während des Frühstücks beginnt sich der Nebel aufzulösen. Ein strahlendblauer Himmel ohne jede Wolke wölbt sich über dem Berg. Ich dränge zum Aufbruch; ich weiß, daß ich mich damit unbeliebt mache, aber es geht nun mal nicht anders. Irgendein Durcheinander um Kostüme und Requisiten hält uns auf. Am unteren Refugio schminkt Klaus die vier Darsteller, während wir anderen uns für den Aufstieg präparieren. Als erste gehen Baltázar, Rodrigo und Manuel mit dem schweren Gepäck los. Unseren Troß führen Marco, der die Kamera trägt, und seine Tochter Almorena an. Ich fühle mich in ausgezeichneter Verfassung, auch die meisten anderen scheinen in guter Form. Als wir ungefähr die Hälfte der Strecke zurückgelegt haben, erreichen wir schon bei 5100 Metern den ersten Schnee und finden ein attraktives Motiv. Die Kamera wird aufgebaut.

Als letzter kommt Pedro Sisa an, er schleppt sich müde zu uns und legt sich sofort hin. Jetzt erst bemerken wir, daß Olivier Pascalin fehlt. Der Funkverkehr mit dem Refugio bringt keine Aufklärung, dort ist er nicht. Mit dem Fernglas suchen wir den Geröllhang ab. Nichts. Einer erinnert sich, wie Olivier allmählich zurückblieb. Aber da jeder sich so ausschließlich auf sich selbst konzentrieren mußte, weiß er nicht und weiß niemand, wo das war. Rodrigo und Baltázar steigen ab, um unseren Bonpland zu suchen. Pedro-Pacho klagt inzwischen über wahnsinnige Kopfschmerzen, er liegt flach und rührt sich nicht. Luis Miguel, Marco und ich versuchen, ihn zu trösten, flößen ihm Tee ein, kühlen ihm die Stirn. Die beiden Träger geben über Funk durch, Olivier bewußtlos im Geröll gefunden zu haben. Sie schleppen ihn zum Refugio. Dort ist jetzt auch unser Arzt Fabián Granda angekommen. Eigentlich sollte er wie immer mit uns aufsteigen, aber irgend etwas war heute dazwischengekommen. Fabián diagnostiziert bei Olivier den Soroche und will ihn sofort nach Riobamba bringen. Ich verlange, Fabián soll hochkommen, um Pedro zu helfen, der ebenfalls der Ohnmacht nahe ist. Olivier, der wieder zu sich gekommen ist, möge ein anderer in die Stadt fahren. Es entwickelt sich ein lebhafter Funkverkehr. Ich bemerke, mit welch staunender Aufmerksamkeit ihn die ekuadorianischen Freunde verfolgen, selbst der kranke Pedro wendet uns den Kopf zu. Ich kann meinen Standpunkt nicht durchsetzen: Fabián wird Olivier nach Riobamba bringen, Pedro bleibt unserer laienhaften Obhut überlassen. Manuel, der jüngste von Marcos Trägern, legt mir wie beiläufig die Hand auf die Schulter. Pedro Schütt sagt leise: Du bist verrückt, du versuchst ein Gesetz zu brechen, niemals wird ein Kreole einem Indio zu Hilfe eilen, wenn es einem Weißen schlecht geht.

So ist es. Selbst ein so feiner Kerl wie Fabián Granda, der überall in den Indígena-Dörfern liebevoll der kleine Doktor genannt wird, kann sich darüber nicht hinwegsetzen.

Unterdessen ist es Mittag geworden. Nicht eine Wolke steht am Himmel. Wir wagen es kaum auszusprechen: das Wetter ist *zu* schön, *zu* undramatisch. Wir haben noch nichts gedreht. Wir ziehen aus dem Drehbuch die Einstellungen heraus, in denen nur Jan Liefers und Luis Miguel Campos im Bild sind. Montúfar mißt mit dem Zyanometer die Himmelsbläue. Humboldt fängt mit dem Eudiometer Luft ein. Dann hat sich Pedro so weit erholt, daß wir auch mit ihm noch drehen können. Er pfeift den Ton des Windes nach, der über das Glasgefäß des Eudiometers streicht. Sein aufgedunsenes Gesicht zeugt davon, wie elend es ihm heute erging.

Als wir abends im Hotel ankommen, ist Olivier wieder auf dem Posten. Aber was wird in den nächsten Tagen? Werden wir mit ihm und Pedro drehen können? Werden sie ausreichend bei Kräften sein? Sich psychisch genügend stabilisieren, um weitere Aufstiege zu wagen?

Noch eine Hiobsbotschaft. Wir bekommen den für anderntags bestellten Hubschrauber nicht. Die Amtseinführung des neuen Staatspräsidenten steht unmittelbar bevor. Die Armee ist in Alarmbereitschaft.

31. Juli 1988

Die beiden letzten Tage haben wir mit Notprogrammen gefüllt. Fabián hat bei Pedro einen Infekt festgestellt als Auslöser für den Soroche, Schonung sei zu empfehlen, auch für Olivier. Mindestens für zwei Tage keine extremen Höhen. Die Überbrückungsprogramme erwiesen sich aber als nicht weniger schwierig.

Am Nachmittag dieses Sonntags erwarten uns die Einwohner von La Moya, um uns willkommen zu heißen zu den Dreharbeiten, die ab Dienstag in ihrem Dorf stattfinden sollen. Die gesamte Comunidad hat sich auf der *Plaza Mayor* (Hauptplatz), dem Basketballfeld, versammelt. *El jefe, el secretario* und ein Vertreter der Evangelisten begrüßen uns. Kleine Mädchen hängen uns mit Blumen gefüllte *shigras* um den Hals. Das sind Taschen aus Bast und Stroh, die in verschiedenen Mustern und Größen von den Frauen geknüpft und geflochten werden.

Eine Männergruppe führt einen Tanz aus der Prä-Inka-Zeit vor. Diese freien Hochlandvölker waren – nicht lange vor den spanischen Konquistadoren – von den Kriegern des Inka Huaina Cápac unterjocht worden und hatten damit, so drückt es Humboldt in seinen Reisejournalen aus, einen Vorgeschmack dessen erhalten, was dann die blutdürstige, christliche Raserei des spanischen Eroberers Belalcázar anrichtete. Die Männer tanzen mit langen farbigen Bändern, die den Regenbogen symbolisieren, um einen aufgestellten Baumstamm. Die Bänder werden in kunstvoller Choreograpie um den Baum gewunden und ebenso kunstvoll wieder abgewickelt. Ein kleiner Junge in Fell und Perücke umspringt den Tanz als heidnischer Gnom und bewahrt das Ritual, das um Regen und Fruchtbarkeit bittet, mit ausgeteilten Hieben vor Störungen. Dann holen uns die Frauen zum Tanz unter den Baum. Damit sind wir aufgenommen in ihre Gemeinschaft.

1. August 1988

Wieder strahlendblauer Himmel über dem Chimborazo. Was soll ich erzählen? Heute schaffen wir es alle bis knapp 5500 Meter hoch und drehen die restlichen Einstellungen auf dem Grat. Keiner von uns wird diesen Tag vergessen. Auf dem Foto zähle ich 21 Kollegen: unsere 4 Schauspieler, Kameramann und Assistent, Maskenbildner, Requisiteur, Regie-Assistent, Beleuchter, Regisseur, Pedro Schütt, Alejandro Santillán, Fabián Granda, zwei weitere ASOCINE-Kollegen, Marco Cruz mit Tochter und dreien seiner Assistenten.

2. August 1988

Erster Drehtag in La Moya. Am Vorabend haben Pocho und Alejandro noch einmal mit uns über das Grundgebot dieser Arbeit gesprochen. Jedes Mitglied der Dorfgemeinschaft hat gleiches Recht, auch jedes Kind, ja selbst jedes Tier, jede Pflanze. Bei der Arbeit Ruhe bewahren, nicht nervös werden, keine Hütte, kein Feld ohne Genehmigung betreten, keine Tiere verscheuchen, die Kinder so respektvoll behandeln wie die Erwachsenen. Ich glaube nicht, daß es Schwierigkeiten geben wird. Unsere Freunde von ASOCINE habe ich in Verdacht, die Vorsicht etwas zu übertreiben. Denn ich glaube, die Indígenas haben ein genaues Gespür für die innere Haltung, mit der man zu ihnen kommt, auch kennen sie inzwischen unsere Aufgeschlossenheit für ihre Kultur und die selbstverständliche Menschenachtung, die wir ihnen entgegenbringen. Sie durchschauen jede Art von Überheblichkeit und Anbiederung.

Alle von der Comunidad vorgeschlagenen Darsteller haben sich im Kostüm auf der Plaza versammelt. Wir wählen unter ihnen für die einzelnen Szenen aus, stellen die verschiedenen Gruppen zusammen. Dann drehen wir die Szene, in der Bonpland zu einer Hütte eilt, in der eine Gebärende schreit. Dieses Schreien ist ganz anders, als wir es uns vorgestellt hatten, ein auf- und abklingendes *ayayay . . . ayayay . . . !* Eine junge Frau markiert es für uns, vor allem für Pacho, der darauf reagieren soll. Er tut es außerordentlich professionell. Hier in seinem Dorf, in seiner Umgebung fühlt er sich besonders wohl in seiner Mittelpunktrolle.

Unserem Team hat sich Ramiro Bustamente zugesellt, der Präsident von ASOCINE, um einen Videofilm über unsere Arbeit zu drehen.

3. August 1988

Am Nachmittag bereiten wir eine der Schlüsselszenen des Films vor, das nächtliche Gespräch Humboldts mit der alten Indígena. Wir arrangieren die Szene bei Tageslicht und legen die Kamerastandpunkte fest. Beeindruckend ist die Disziplin der Indígenas, sie sitzen stundenlang an den angewiesenen Plätzen, Kinder wie Alte folgen unseren Anweisungen mit nicht erlahmender Konzentration. So gute Kleindarsteller habe ich mir schon oft gewünscht. Eine besondere Schwierigkeit ist, daß Humboldts spanische Sätze vom Dorfpfarrer ins Quichua übersetzt und die Quichua-Antworten für Humboldt spanisch gedolmetscht werden müssen. Für die Rolle des Pfarrers haben wir Pedro Torres gewonnen, einen echten Pfarrer, der Quichua versteht. Mit Hilfe von Miguelito und gemeinsam mit den Indígenas erarbeiten wir den Quichua-Dialog.

Die Dreharbeiten in der Nacht finden unter schwierigsten Lichtbedingungen statt. Roland muß mit drei, vier kleinen Lampen improvisieren. Juan Guamán singt nach einem selbstverfaßten Text ein Lied über Humboldts Ankunft am Chimborazo. Dann drehen wir alle Einstellungen in Richtung auf María Silveria, die die alte Frau spielt. Wir drehen ohne Proben, aber mit Wiederholungen. Ich bin sehr froh, wie María den von uns ersonnenen Text ganz offensichtlich zu ihrem eigenen existentiellen Anliegen macht. Danach alle Einstellungen auf Jan Liefers. Ich sage ihm, du kannst nur bestehen, wenn du dich absolut auf dich selbst verläßt, du darfst überhaupt nicht schauspielern. Das hat er sehr gut verstanden, er überläßt sich ganz seiner eigenen Emotion. Als er auf die Frau zugeht, vor ihr niederkniet, sie ihm mit harten Bewegungen der Hände segnend über den Kopf streicht, verstehen wir diesen Augenblick als weit über den Film hinausweisend.

Gegen Mitternacht beenden wir den Drehtag. Im Licht unserer Taschenlampen suchen wir den Weg zu den Autos.

In der Nacht träume ich, wie der Cotopaxi ausbricht, und erfahre beim Frühstück, daß ein leichtes Erdbeben Riobamba erschüttert hat.

5. August 1988

Humboldts Einzug in La Moya und unser Abschied von dieser Comunidad fallen auf einen Tag. Am Vormittag drehen wir auf der Straße vorm Ort – mit den Terrassenfeldern und dem Chimborazo im Hintergrund –, wie Humboldt und seine Begleiter von der Dorfgemeinschaft empfangen werden. Ein mit Blumengirlanden umwundener Triumphbogen ist aufgestellt. Dem Zug voran schreitet Taita Juanito, singend und Panflöte spielend, neben ihm ein Trommler, ein Flötenspieler und einer, der die Bocina bläst. Drei Kinder, als gelbe Teufelchen verkleidet, tanzen ihnen voraus. Ein junger Mann hat sich die Maske der *vaca loca*, der närrischen Kuh, übergestülpt, ein Gestell mit Hörnern. Damit umkurvt er den Zug, rempelt die Leute an und sorgt für Turbulenz.

Leider gibt es große Schwierigkeiten mit der Organisation. Im Hintergrund fahren mehrfach Autos ins Bild, weil die Absperrkräfte nicht ausreichen. Es vergehen Stunden, bis wir drehen können. Und Roland weigert sich standhaft, Lichtkompromisse einzugehen. Die Indígenas schenken uns zur Beruhigung aus einem Plasteimer *chicha* ein, das Maisbier.

Am Nachmittag ist dann alles geschafft. Im Dorf erwartet uns die gesamte Comunidad zum Abschlußfest. Während das Geld für die Mitwirkenden ausgezahlt wird, findet ein Volleyballspiel statt: La Moya gegen Europa. Ekuadorianisches Volleyball unterscheidet sich insofern von unserem, als jede Mannschaft mit nur drei Spielern antritt, der Ball größer und viel schwerer ist und die Technikregeln großzügiger ausgelegt werden, beidhändiges Schaufeln ist erlaubt. Europa vertreten Jan, Olivier und ich. La Moya spielt in wechselnder Besetzung. Natürlich haben wir keine Chance. Aber wir sind stolz, so gut akklimatisiert zu sein, daß wir die 3000 Meter Höhe gar nicht mehr spüren.

Das Dorf verabschiedet sich mit dem gleichen Bändertanz, mit dem es uns empfing. *El jefe, el secretario,* Karl Menzinger und ich halten Abschiedsreden. Ein großes volkstümliches Essen findet statt, Mais, Schweinefleisch und Reis. Dann spielen Bocina, Trommel und Flöte zum Tanz auf. Die Jugendlichen aber ziehen sich einstweilen zur Popmusik ihrer Kassettenrecorder in unseren Autobus zurück. Schließlich tanzt jeder mit jedem, wie es kommt, uralte Frauen und Männer, Mütter mit ihren ins Schultertuch eingeschlagenen Säuglingen oder Kleinkindern auf dem Rücken, Jungen und Mädchen, die hübschen Serviererinnen von Marco Cruz, die Bergführer, die Kollegen von ASOCINE und DEFA. Die wenigen Worte, die ich in Quichua ausdrücken kann, verwickeln mich in lange Gespräche. Taita Juan und Taita Fortunato erzählen aus ihrem Leben, ich kann nur ahnen, was sie mir sagen wollen. Chicha und Puro kreisen, ein ums andere Mal tschalieren wir zum Chimborazo. Die überwältigende Herzlichkeit, mit der sich alt und jung bei uns bedankt, beschämt mich. Wofür? Wir haben zu danken für ihre Hilfsbereitschaft, für unser Aufgenommensein in eine andere Kulturwelt, wie sie freundlicher nicht sein kann. Wir bleiben Europäer und werden sie nie wirklich verstehen, doch ist sie uns nicht mehr fremd.

Ein trauriger, ein schmerzlicher Abschied. Denn so oft ich es auch Pedro, Alfonso, Juanito versprechen muß, wiederzukommen – wir alle wissen, es würde an ein Wunder grenzen, sollten wir uns wiedersehen. Und es bleibt die bange Frage, wie das Leben in La Moya nach unserem Film nun weitergehen wird. Haben wir vielleicht, vor allem bei den Jüngeren, Hoffnungen und Sehnsüchte geweckt, die keinerlei Chance haben, in Erfüllung zu gehen? Aber sind Hoffnung und Sehnsucht nicht auch unabdingbare Voraussetzungen für das Streben nach Veränderung?

Gegen Mitternacht hört die Musik auf zu spielen, die Lichter verlöschen. Die meisten von uns sind schon ins Hotel gefahren. Pedro Schütt holt mich aus der Runde der Indígenas, er schwankt ein wenig, umarmt mich und macht mir das Kompliment: Ach, Don Rainer, ein richtiger Deutscher bist du nicht!

Wohler und besser aufgehoben als an diesem Abend habe ich mich nie gefühlt.

8. August 1988

Aber unsere Dreharbeiten in Ekuador sind noch nicht beendet. Heute wird Jan Josef Liefers 24 Jahre alt. Wir drehen am Río Puela. Lange haben wir einen für uns geeigneten Gebirgsfluß gesucht. Er soll gefährlich aussehen, aber unsere Karawane muß übersetzen können. Vorgestern, an unserem ersten freien Tag während der Dreharbeiten, waren Roland und ich nochmals auf Motivsuche. Río Pastaza? Zu gefährlich. Río Chambo? Humboldt überquerte ihn auf der ›Schwingmaschine‹ bei dem nahen Ort Penipe, einer Brücke aus Agaveseilen, die es längst nicht mehr gibt. Zudem soll die Karawane durchs Wasser, wie es Humboldt bei den meisten seiner Flußübergänge auch mußte. Der Chambo ist breit, sieht harmlos aus. Am Río Puela schließlich führen uns einheimische Mestizen zu Pferde und zu Fuß vor, daß man den reißenden Fluß durchaus überqueren kann.

Eigentlich wollten wir schon gestern drehen, doch als wir ankamen, lehnte Marco Cruz jede Verantwortung ab. In der Nacht hatte es am Tungurahua geschneit, das Wasser war um einen Meter gestiegen. Wir waren wieder einmal zur Improvisation gezwungen und drehten alle Einstellungen, die am Ufer spielen. Auch heute ist der Himmel grau, Nebelschwaden wallen durch das enge Tal. Der Vulkan Tungurahua ist nicht zu sehen, wir nehmen es gelassen hin, bei besserem Wetter wäre es für unseren Zweck hier vielleicht sogar zu romantisch. Zuerst muß das von Wolfgang Ebert geleitete zweite Kamerateam ans andere Ufer. Sie versuchen es einige hundert Meter weiter flußabwärts, wo es weniger gefährlich zu sein scheint. Nach zwei Stunden sehen wir sie wieder, Wolfgang in Badehosen, er war von einem Felsen ins Wasser gestürzt. Für die Darsteller hat Marco unter der Wasseroberfläche ein Seil gespannt. Vor allem für Jan ist dies notwendig, denn er muß als erster den Fluß überqueren, um drüben ein Tau zu befestigen, das, im Bilde sichtbar, den anderen zur Sicherung dient. Roland hat die erste Kamera unterhalb eines Felsens am diesseitigen Ufer im Wasser verankert. Er trägt hohe Gummihosen wie ein Nordseefischer. Das Tosen des Flusses ist so laut, daß man schon in zwei Metern Entfernung kein Wort mehr versteht. Nur mit zwei Walkie-talkies funktioniert es. Und über Handzeichen.

Endlich ist alles bereit, jeder auf seinem Platz, die Kollegen haben das Bild freigemacht. Da taucht am gegenüberliegenden Hang ein einheimischer Bauer auf, in keinesfalls historischem Kostüm, mit zwei Kühen. Es ist unmöglich, ihm über die Entfernung verständlich zu machen, er möchte doch bitte verschwinden. Wir können nur warten, bis seine Neugierde gestillt ist und er die Kühe weitertreibt.

Ich bekomme das Zeichen von den Kameras, gebe Jan das Kommando. Er steigt in das Wasser, es hat 8 Grad Celsius, mit einem Stock verhakt er sich geschickt am Sicherungsseil. Mehrmals taucht er unter. Dennoch sind wir nicht ganz zufrieden, wir befürchten, er hat etwas zu dramatisch gestikuliert. Also zurück und noch einmal. Jan trägt es mit Fassung. Als er das andere Ufer erreicht hat, muß er den ganzen Tag dort in den nassen Klamotten verbringen, bis die Karawane durch den Fluß ist. Es war uns bald klar, daß nicht alle Caravaneros für diese Überquerung geeignet sind. Ebensowenig, versicherte man uns, seien die Lamas und Esel zu bewegen. Unsere Freunde kommen aus dem flußlosen Hochland; ein einziger von ihnen, Saisonarbeiter am Amazonas, hatte schon einmal einen Fluß durchquert, keiner kann schwimmen. Ich spreche mit jedem und frage, wer es sich zutraut. Ungefähr die Hälfte erklärt sich bereit, natürlich Jorge, *el jefe*, auch die Jüngeren, Pedro, Segundo, Telmo . . ., doch allen steht die Angst vor dem unvertrauten Element ins Gesicht geschrieben. Zusätzlich werden hier heimische Mestizen auf Pferden und Maultieren durch den Fluß reiten und schwimmen. Marco und seine Assistenten stehen als Doubles zur Verfügung. Niemand aber kann Bonpland, Montúfar und die beiden mitreisenden kreolischen Aristokraten doubeln; den einen spielt unser Dolmetscher Renato Ortega, den anderen der Schauspieler Raúl Guarderas. Raúl ist ein Original, Pferdeliebhaber, Naturmensch. Das Drehbuch sieht vor, daß er sich über den Fluß tragen läßt. Zu Humboldts Zeiten ließen sich die Reichen in Tragestühlen von Indios, Mestizen und armen Weißen auf dem Rücken über ganze Gebirgszüge schleppen.

Assistent Rodrigo nimmt Raúl auf die Schulter. Sie sind keine fünf Meter im Fluß, als Rodrigo ins Straucheln gerät und mit seiner Last umkippt. Raúl taucht unter, droht von der Strömung fortgerissen zu werden. Marco und zwei Einheimische springen zu Hilfe und schaffen es, Raúl zu fassen. Sie zerren den nach Luft schnappenden Ärmsten zurück ans Seil und hangeln sich dann gemeinsam mit ihm ans andere Ufer. Wir sind begeistert. Roland spendiert Rodrigo eine Flasche Puro.

10. August 1988

Nationalfeiertag Ekuadors. Amtsantritt des neu gewählten Präsidenten Dr. Rodrigo Borja. Die Staatsoberhäupter vieler lateinamerikanischer Länder sind angereist, auch Fidel Castro, auch Ortega. Erste Amtshandlung des neuen Präsidenten ist die Wiederherstellung diplomatischer Beziehungen zu Nikaragua. Hoffnungen der ekuadorianischen Linken verbinden sich mit Dr. Borja, aber auch die Skepsis, ob er der richtige Mann ist, die großen wirtschaftlichen Probleme des Landes zu bewältigen.

Wir fahren nach Totorillas. Als wir ankommen, schneit es. Die ärmlichen Hütten stecken in den Wolken. Die Indígenas freuen sich, daß wir nun endlich auch bei ihnen drehen werden. Wir wählen die einzelnen Gruppen aus, doch von Drehen kann nicht die Rede sein. Taita Chimborazo ist uns heute nicht gnädig. Wir vertreiben uns die Zeit, indem wir mit den Einheimischen deutsche und Quichuabegriffe austauschen, geradeso, wie es die Szene in unserem Film vorsieht. Schließlich drehen wir im Nebel ein paar Einstellungen, die in der Morgendämmerung spielen.

Abends im Hotel prallen die Interessen von Produktion und Kunst noch einmal scharf aufeinander. Was geschieht, wenn wir auch morgen den Chimborazo nicht sehen und wieder nicht drehen können? Und was wird aus unseren Hoffnungen auf den Hubschrauber? Die Abreise nach Quito ist für übermorgen geplant. Die Flüge nach Europa sind gebucht. In Paris werden wir schon für die nächsten Drehtage erwartet. Der Produzent sieht keine Chance, daran etwas zu ändern. Wir drängen auf Umbuchung, Verschiebung. Ratlos gehen wir auseinander.

11. August 1988

Wie am Vortag steht der Berg im Nebel. Gegen 10 Uhr öffnet sich ein Wolkenloch, gestattet wie durch ein Fenster einen Blick auf die Eiskuppe des Berges, oder besser, der Berg wirft einen Blick auf uns: Seid ihr immer noch da? Wir beginnen hektisch und nervös mit der Arbeit, zuerst die Zwischenschnitte, da muß der Chimborazo unbedingt zu sehen sein. Marco drängt zur Eile, er vermutet, der Vulkan werde höchstens eine Stunde frei sein. Doch wieder einmal kommt es anders. Die Wolken lösen sich immer mehr auf. Der Chimborazo erstrahlt im schönsten Mittagslicht, weit bis in die Täler, umhüllt von einem durchsichtigen Schneekleid. Allmählich löst sich meine nervöse Spannung.

Wir drehen nun die Szene, in der Humboldt und die Indígenas Quichua und Deutsch voneinander lernen. Jan wie den Indígenas gebe ich jeweils andere Begriffe vor, die sie einander verständlich machen sollen. Es wird, ohne zu proben, mit zwei Kameras gedreht, um größtmögliche Authentizität zu erreichen. Die Verständigung seinerzeit zwischen Humboldt und den Einheimischen kann kaum anders gewesen sein. Und es entsteht über diese einfache, gleichberechtigte Kommunikation ein Klima guter Gefühle aller Beteiligten füreinander.

Nach dem Drehen letzte Gruppenfotos vor dem so vertrauten Vulkan-Panorama. Noch ein Volleyballmatch in 4000 Meter Höhe. Geschenke werden ausgetauscht. Endgültiger Abschied von Pedro, von Miguelito, von den Bewohnern des zwischen Himmel und Erde gelegenen Totorillas.

Schweigend fahren wir zurück nach Riobamba. Die Kollegen der Ausstattungssparten packen schon.

Am Abend treffen wir uns bei Marco Cruz. Noch ist die Totale offen, die wir vom Hubschrauber aus drehen wollten. Einzige Variante bleibt, diese Einstellung von unten statt von oben zu drehen. Marco und seine Assistenten werden morgen früh als Doubles noch einmal in die Schneefelder unterhalb des Gipfels steigen. Roland wird aus der Nähe des Refugios drehen. Der Abschied vom Chimborazo fällt mir so schwer, daß ich mich entschließe, die Doubles bei ihrem Aufstieg zu begleiten. Karl erklärt mich für verrückt.

12. August 1988

Drei Uhr. Nach knapp zwei Stunden Schlaf holt Marco mich ab. Kurz nach vier sind wir am Refugio. Ein sternenklarer Himmel. Am fremden südlichen Firmament beleuchtet die Venus, hell wie eine Laterne, den Berg. Der Jupiter steht im Zenit. Schwärme von Sternschnuppen fallen auf das schwarze Gebirgsmassiv. Aus einem fernen Tal flimmern die Lichter von Guaranda. Baltázar, Rodrigo und Manuel schlafen in der Hütte. Wir kriechen in Schlafsäcke und legen uns dazu.

Gegen 6 Uhr 30 beginnen wir den Aufstieg im Schatten des Berges. Unbeschreibliche Fernsicht über hunderte Kilometer, ganz nahe die Eispyramide des Sangay, selbst die weit im Süden liegenden Berge Ayapungo und Soroche sind zu sehen. Die Schattengrenze wandert mit uns. Als wir gegen 8 Uhr bei 5500 Metern angelangt sind, holt sie uns ein. Die Sonne streicht über den Gipfel. Marco und seine Leute warten hier, bis die Kamera am Refugio ankommt, um dann über Funk die genauen Positionen zu vereinbaren. Ich steige noch zweihundert Meter weiter bis zu den roten Felsen. Ich genieße die Einsamkeit, den Blick über die grandiose Bergwelt der Anden und bedaure, daß die Zeit nicht reicht, den Aufstieg zu wagen bis zur *cumbre Whymper*, dem Hauptgipfel und höchsten Punkt Ekuadors und, vom Erdmittelpunkt gemessen, sogar unseres Globus.

Erste Wolken tauchen über der Hochebene auf. Vom Kamerateam ist noch nichts zu sehen. Ich kehre zurück zu Marco und seinen Gefährten. Sie schlafen in der Sonne auf dem Grat.

Endlich rauscht es im Funkgerät. Der Kamerabus ist am Refugio angekommen, mit Verspätung, weil sie, so Roland, eine ›phantastische Totale‹ vom Sangay gedreht haben. So ist er, mein besessener Kameramann, ich hätte es mir denken können. Nun wollen sie die Hälfte des Weges zum zweiten Refugio hinaufklettern, von dort erhoffen sie sich den besten Blick. Die Wolken quellen rechts und links vom Chimborazo. Wir beobachten es sorgenvoll, drängen zur Eile. Noch sparen die Wolkengebirge den Vulkan aus. Nach entnervendem Warten die Durchsage, die Kamera werde jetzt aufgebaut. Zu spät! Innerhalb von Sekunden stecken wir im dicksten Nebel.

Drei Stunden warten wir und flehen den Eisriesen an. Keinen Blick erlaubt er der Kamera mehr. Er ragt von Ewigkeit zu Ewigkeit in den Himmel und hat von uns Eintagsfliegen genug, von unseren filmischen Eitelkeiten. Mittags brechen wir ab. Ihn muß das nicht kümmern. Als wir schon auf der Fahrt nach Riobamba sind, leuchtet er wieder im herrlichsten Licht.

Auf der Rückreise nach Quito sehen wir Taita Chimborazo ein letztes Mal. Von der Abendsonne angestrahlt, ragt er majestätisch über der dunklen Hochebene auf und bewacht die Indígenas, seine Kinder.

Wir legen Zeugnis ab

Wer wir sind

Ich bin Flor Sisa, Einwohnerin von La Moya.

Alfonso León, Dorf La Moya.

Juan Guamán, ehemaliger Eisträger aus La Moya.

Ich heiße Esteban Miñarcaja Poma, aus La Moya.

Ich bin Manuel Rumancela, aus Pulinguí (anderer Name für Totorillas).

Und ich Antonio Pacheco, aus Pulinguí Alto auf der Hochfläche des Chimborazo.

Ich heiße Damian Sisa, aus La Moya, ich war Eisträger.

Cristóbal Corral, ASOCINE, verantwortlich für Drehorte.

Lilián Granda, ASOCINE, verantwortlich für Requisite.

Jorge Vivanco, ASOCINE, verantwortlich für Logistik.

Ich, zu Diensten, bin Juan Cayambe, Vorsitzender der Vereinigung von Pulinguí Alto.

Antonio Gualancañay, Bauer vom Chimborazo.

Mein Name ist Fortunato Hipo, La Moya.

María Silveria Sanunga aus La Moya, zu Diensten.

Ich bin Jorge Miñarcaja, Bürgermeister von La Moya.

Pocho Alvarez, ASOCINE, verantwortlich für die einheimischen Laienschauspieler.

Ich heiße Agustina Miñarcaja, La Moya.

Mein Name ist Federico Guamán Zula, Einwohner von La Moya.

Meiner: Fernando Miñarcaja, aus La Moya.

Norma Corral, Schatzmeisterin von ASOCINE, verantwortlich für Finanzen.

Pedro Schütt, Bolivien/Ekuador, Regie-Assistent.

Victor Miñarcaja, La Moya.

Ich heiße Victor Rumancela, zu Diensten, aus Pulinguí.

Ramiro Bustamente, Präsident der ASOCINE.

Luis Miguel Campos, Schriftsteller, Darsteller des Carlos Montúfar.

Segundo Guamán, aus La Moya.

Elena Corral, ASOCINE, Chefgarderobiere.

Miguel Miñarcaja, La Moya, verantwortlich für die einheimischen Laienschauspieler.

Cesar Pacheco, Vereinigung Pulinguí Alto.

Andres Guamán.

Unsere Geschichte, unser Leben

In der Vergangenheit wurde alles, was wir besaßen, von den Spaniern geraubt, sie nahmen uns alles, ihnen gehörten die Haziendas, und wir Eingeborenen waren nur ihre Landarbeiter.
Flor Sisa, La Moya

Hier am Chimborazo haben wir immer weit abseits gelebt, die weißen Herren machten uns kaputt, weil sie unser Land wegnahmen und uns sieben Tage in der Woche nichts als arbeiten ließen, von früh um fünf bis sieben Uhr abends arbeiteten wir.
Antonio Gualancañay, Pulinguí

Früher gab es bloß reiche Großgrundbesitzer, und das hieß die ganze Zeit leiden. Unsere barfüßigen Großeltern bedienten die Herren, und die Herren ließen sie Hausarbeit machen, Schafe hüten, Vieh zusammentreiben, Kuhweiden aus den kahlen Hochflächen machen; wer sich am Berg sehen ließ, dem wurde befohlen, das Vieh zu hüten, alles sowas.
Juan Guamán, La Moya

Damals lebten wir auf den Knien, fast ohne zu essen, ohne alles, nachts schliefen wir auf dem Feld, im Chuquiraguagebüsch, drei, vier Tage lebten wir mitten im Chimborazogebiet, das Vieh des Herren zu hüten, Compañero. Und wenn ein Stück verendete, wollte man kassieren. Zahlen! sagten die Herren, und der Aufseher prügelte, und die Herren prügelten auch.
Antonio Pacheco, Pulinguí

Ich arbeitete auf der Hazienda und wurde von klein auf vom Aufseher gepeitscht; wir hatten hier in der Gemeinde La Moya zu leiden, weil wir hier eingeborene Bauern sind, und so oft die weißen Leute Einheimische sehen, behandeln sie sie schlecht.
Damian Sisa, La Moya

Herren, Aufseher, kamen angeritten, sie holten uns die Tiere weg, nahmen uns Werkzeug und Kleidung, um uns zu zwingen, in der Hazienda umsonst zu arbeiten. Dann verfluchten sie uns und teilten uns Peitschenhiebe aus, daß es ein Jammer war. So erging es uns damals.

Fortunato Hipo, La Moya

Die Frauen wurden von allen Herren mißhandelt, mißbraucht, die kamen auch und nahmen uns Sachen weg und zwangen uns die ganze Woche zur Arbeit, mit Peitschenhieben und Knüppelschlägen trieben sie zur Arbeit an.

María Silveria Sanunga, La Moya

Um ein bißchen Wasser holen zu dürfen, das durch die Hazienda lief, arbeitete man zwei Tage, um Futter arbeitete man drei Tage, um etwas Stroh zum Brennen, weil wir damals kein Holz hatten, keinen Wald, arbeiteten wir vier Tage auf der Hazienda.

Antonio Pacheco, Pulinguí

Die Pächter wurden von den Herren wie Sklaven gehalten, sie mißhandelten sie, peitschten sie aus, sie taten den Einheimischen soviel Unrecht, daß sie sie fast immer umbrachten, denn die Einheimischen beschwerten sich, und das gefiel den Weißen nicht.

Flor Sisa, La Moya

Pächter waren wir, die wir auf der Hazienda für die Herren arbeiteten, und dann, nachdem schon das Gesetz über die Agrarreform herausgekommen war, wollten sie uns kein Stück Land geben, das wir uns eigentlich schon verdient hatten, weil ja bereits unsere Vorfahren den Herren gedient hatten.

Fortunato Hipo, La Moya

Die Kollegen von der Ekuadorianischen Gewerkschaft der Klassenorganisationen und vom Nationalverband der Bauernorganisationen halfen uns, damit die Herren das Gesetz der Agrarreform erfüllen, damit sie uns ein Stückchen Land zuerkennen, und siehe da, die Herren wollten uns aus der Hazienda vertreiben. Nach Klagen, Kämpfen, Stockschlägen, alldem, erkannten sie uns an und gaben uns hier am Fuß des Chimborazo, wo wir leben, ein bißchen Land.

Juan Cayambe, Pulinguí

Jetzt haben wir in La Moya kleine Stückchen Land, aber auf ihnen wächst schon seit Jahren keine Gerste, die für uns das Wichtigste ist, und auch Ocas und Mashuas – das sind Knollenfrüchte, von denen sich schon unsere Vorfahren immer ernährt haben – und Bohnen sind eingegangen, weil kein bißchen Regen vom Himmel fällt und das Wasser aus der Bewässerung nicht reicht.

Esteban Miñarcaja, La Moya

Wir sind nämlich auch mehr geworden, also teilen wir das Land unter uns auf, zerstückeln es, und der Boden nimmt ab, geht schon zu Ende, wir können uns nach keiner Seite mehr ausdehnen, und so können wir nicht mehr alle davon leben; aus diesem Grunde gehen die Leute, die Jungen, die noch gesund sind, nach Quito, Guayaquil, Riobamba auf den Bau.

Jorge Miñarcaja, La Moya

Wenn die Buben die Schule beenden, suchen sie sich Arbeit in Guayaquil, in Quito. Es ist ein Jammer, sie liegen auf der Straße, essen wenig, und dann kommen die Krankheiten.

Esteban Miñarcaja, La Moya

Ja, Compañero, es reicht nicht mal die Woche, für Kleidung, fürs Essen, es reicht nicht für die Familie, also muß man weggehen und irgendwo Arbeit suchen.

Victor Miñarcaja, La Moya

Oft kriegen sie keine Arbeit, haben sie nichts, wo sie schlafen können, sie schlafen auf der Straße, hungernd, frierend, manchmal essen sie nur drei Tage und haben nichts anzuziehen. Sie leiden sehr, denn das wenige, das sie verdienen, langt nicht, und manchmal verkaufen sie Land, verkaufen das Haus und alles, und so haben sie nichts, um das Heim zu versorgen.

Flor Sisa, La Moya

Mein Sohn ist der Pedro, im Film heißt er Pacho, und er hat bei Humboldt gearbeitet. Ich war doch hübsch, sagte der Pedro, ihn interessierte das Filmen, aber jetzt hat er schon Unterricht versäumt, hat die Schule schon aufgegeben und ist mit anderen Einwohnern zur Küste hinunter arbeiten gegangen.

Damian Sisa, La Moya

Die meisten, alle, die arbeiten können, haben die Gemeinde verlassen. Die schon älter sind und es nicht können, bleiben hier zu Hause, und nur noch ein paar jüngere Frauen bleiben. Wir zogen aus nach Riobamba, nach Guayaquil, einige gingen nach Quito auf den Bau.

Victor Miñarcaja, La Moya

Die Küste ist gefährlich wegen der Krankheiten, es gibt genug Wasser, viel Regen und Krankheiten. Wenn man krank wird, reicht das verdiente Geld nicht, um sich zu kurieren.

Miguel Miñarcaja, La Moya

Wir Frauen gehen weg und arbeiten als Dienstmädchen, waschen Wäsche, und die es können, die kochen. Manchmal wollen sie nicht bezahlen fürs Wäschewaschen und auch nicht fürs Kochen, manchmal geben sie einem nicht mal zu essen.

Agustina Miñarcaja, La Moya

Die Jungen gehen, und wir werden allmählich unsere Kultur verlieren, die Kultur unserer Großeltern, und unsere Geschichte, die unserer Vorfahren ... Mit dem Futter geht es schon zu Ende, die Pflanzen am Fuß des Chimborazo gehen ein, und auch die Großeltern sterben.

Esteban Miñarcaja, La Moya

Es ist noch nicht zu sehen, wo sich was ändert, noch leben wir in derselben Armut. Jetzt sind die Sachen furchtbar teuer, wir haben kein Geld, um Vieh zu kaufen oder um Saatgut zu bekommen, und vor allem haben wir nicht genug Land.

Damian Sisa, La Moya

Bis heute gibt es noch die Sklaverei von den Hazenderos und auch von den Regierungsstellen, die soviel Ungerechtigkeiten begehen und immer die Reichen bevorzugen, nie die Armen.

Flor Sisa, La Moya

Der Film ist unser Traum und Alptraum

Der Film scheint mir das vollkommenste Ausdrucksmittel zu sein für die Aufnahme der menschlichen Bedürfnisse und ihre Wiedergabe in einem ästhetischen Sinn.

Lilián Granda, ASOCINE

Ich arbeite seit etwa acht Jahren beim Film, und mein Fall entspricht dem aller Filmschaffenden des Landes: Wir sind nicht spezialisiert, wir haben bestimmte Neigungen, aber keine Fachrichtung, das heißt, wir müssen alles machen.

Jorge Vivanco, ASOCINE

Ich arbeitete zuerst als Assistent, praktisch als Stativträger, Kameraträger, dann als Standfotograf, dann als Produktionsleiter; später fing ich an, als Kameramann zu arbeiten.

Cristóbal Corral, ASOCINE

Ich fing wie spielend an, aber dann wurde etwas Ernsthaftes daraus, und 1972 begann ich, fortlaufend Dokumentar- und kleine Experimentalfilme in Schwarzweiß zu produzieren, seitdem besteht meine tägliche Praxis darin, Werbefilme fürs Fernsehen zu machen.

Ramiro Bustamente, ASOCINE

Ich meinerseits fing im Jahre 80 beim Film zu arbeiten an, mein Fach ist die Produktion. Ich war Produktionsleiterin für Dokumentar- und Werbefilme, aber mein größter Erfolg und mein größtes Erlebnis war meine Arbeit für ›Die Besteigung des Chimborazo‹.

Norma Corral, ASOCINE

Ich begann im Februar 1978, als ich mit einem Freund nach Bolivien zurückkehrte, um einen Dokumentarfilm zu drehen. Dann machte ich einen Spielfilm über die Bergarbeiterführerin Domitila Chungara und andere kleinere Arbeiten, bevor ich in Westberlin Film studierte.

Pedro Schütt, Regie-Assistent

Ich bin noch nicht zum Kinofilm gegangen, sondern arbeitete bisher nur in einigen wenigen Dokumentarfilmen mit, aber vor allem widmete ich mich dem Videofilm. Im allgemeinen haben wir Frauen stets den geringeren Zugang zur Produktion; so muß ich, wie alle, Kreativität und Zeit in meine Aufgaben als Mutter, Ehefrau und Filmemacherin teilen.

Elena Corral, ASOCINE

Wir sind noch neu in der Arbeit, und ich glaube, das äußert sich bei allen, die mit dem Medium zu tun haben, in dem Bedürfnis, einen Spielfilm zu machen.

Lilián Granda, ASOCINE

Es ist ungewöhnlich: Der ekuadorianische Film begann in den zwanziger Jahren mit der Produktion von Experimentalwerken und mit der Aufführung ausländischer Filme. Dann interessierte sich eine bedeutende Gruppe von Literaten, die sogenannte ›Generation der Dreißiger‹, für den Film, und einer von ihnen, Aguilera Malta, produzierte ein paar Spielfilme. Später, in den Fünfzigern, führten Gabriel Tramontana und Agustín Cuesta, Mitglied von ASOCINE, die Arbeit fort, bis wir, eine neue Generation von Regisseuren, uns in dem Jahrzehnt nach 1970 in der ›Asociación de Cineastas del Ecuador‹ (ASOCINE) organisierten.

Ramiro Bustamente, ASOCINE

ASOCINE ist eine Körperschaft, die von der Begeisterung ihrer Mitglieder noch über die Filmproduktion hinaus getragen wird. Das heißt, ich glaube, daß ein anderes Land mit so wenigen Filmen, wie sie hier gemacht worden sind, nicht darauf gekommen wäre, einen Verband zu gründen wie diesen, den wir haben.

Jorge Vivanco, ASOCINE

Wir träumten davon, mit der Kamera zu schreiben, das heißt, als Tinte das Licht und als Inspiration das Leben unseres Volkes zu nehmen, doch das war irreal, ein Traum.

Cristóbal Corral, ASOCINE

Im Jahr 1981 erlaubte es ein Dekret uns Filmemachern, unter unvorteilhaften Bedingungen gemeinsam mit der ›Casa de la Cultura‹ und dem Nationalen Journalistenverband zu produzieren, und wir konnten uns in einem gewissen Maße wirtschaftlich erholen; das führte dazu, daß in eineinhalb Jahren etwa dreißig Filme entstanden. Damit ist es zu Ende, aber es zeigte die Leistungsfähigkeit, die Lust und die Notwendigkeit, Filme zu machen.

Ramiro Bustamente, ASOCINE

Die Lage der Filmkunst in Ekuador ist schwierig, weil wir kein Gesetz haben, das Spielraum für den filmischen Ausdruck garantiert, das aber ist notwendig, weil nur so bewiesen werden kann, daß das Interesse unseres Publikums einem natürlichen Bedürfnis entspringt und den Forderungen der Filmemacher entspricht.

Jorge Vivanco, ASOCINE

Wir haben kein Gesetz, wir haben keine Entwicklungs- und Kopierlabors, wir haben keine Produktionsmittel und keine Ausbildungseinrichtungen; dafür hatten wir das von der ultrarechten Regierung Febre Cordero erlassene berüchtigte Dekret 3467, welches uns zwang, unsere Vorhaben beim Polizeiministerium anzumelden, was uns zwanzig Jahre Erfahrung kostete, uns einen amtlichen Zensor und die Aufführung von nur zwei Spielfilmen bescherte und keinen einzigen Kurzfilm. ASOCINE kümmerte sich zwar nicht um das Dekret, doch aus dem Traum des Filmemachens wurde ein Alptraum.

Cristóbal Corral, ASOCINE

In dem Augenblick, da hier ›Die Besteigung des Chimborazo‹ gedreht wurde, zeigte sich ASOCINE, so glaube ich, als eine von Grund auf einige Gruppe; das sind ihre Merkmale, der Zusammenhalt und die Begeisterung für die Filmarbeit.

Jorge Vivanco, ASOCINE

Zwar gab es ein wirkliches ›Abkommen über Zusammenarbeit‹ mit dem Verband der Filmemacher Ostdeutschlands, aber ich würde sagen, darüber hinaus verliebten sich die Compañeros der DEFA in dreierlei: in unsere Landschaft, in die Menschen Ekuadors und ein bißchen in den Vorsatz und die Bereitschaft von ASOCINE, zu helfen, in die unserer Assoziation innewohnende Begeisterung fürs Filmemachen.

Ramiro Bustamente, ASOCINE

Der Film ist eine Sprache, die aus der Besonderheit universelles Geschehen macht, und es gab den historischen Präzedenzfall Humboldts, der das Menschsein und die Anschauungen der Eingeborenen zu verstehen suchte. Ich glaube, die deutschen Filmschöpfer nehmen in der Begegnung unterschiedlicher Kulturen Humboldts Position ein, und das bestimmte ihren Vorschlag, mit dem sie zu uns kamen.

Pocho Alvarez, ASOCINE

Unser Vater Chimborazo

Lied der Eisträger:

Im Gras der Steppe
singen wir so,
wir singen die Steppe an,
das Gebirge der Andensträucher,
die Chuquiragua und grüne Atacta
gibt uns dieses Stöckchen,
Stöckchen aus Chuquiragua,
Stöckchen aus der grünen Atacta,
um dir zu drohen, Chimborazo.

Juan Guamán, La Moya

Meine Vorfahren in alter Zeit erzählten, daß Gottvater den Chimborazo fragte: Willst du einen Bart haben? Und der Chimborazo sagte: Nein, ich will keinen Bart, ich will die ganze Zeit, vom heutigen Anfang an bis zum Ende beim Letzten Gericht, bis wir die Welt vollenden, will ich ganz weiß sein. Darum hat der Chimborazo keine Bäume und Pflanzen, wie sie andere Höhen im Gebirge haben, sie haben auch wilde Tiere, Hirsche, viele Tiere, die der Chimborazo überhaupt nicht hat.

Juan Guamán, La Moya

Der Chimborazo kann ungeheuer wild sein, vor kurzem hat er gedroht, er kann sich mit Eis überziehen, läßt es hageln, kann sich mit dem Wind aufblasen, bis den Compañeros Eisträgern die Tränen kommen. Manchmal kommen wir nicht an ihn heran, weil er zu wild ist.

Jorge Miñarcaja, La Moya

Der Chimborazo ist nämlich wie ein Mensch und sagt: Ich bin ein Eingeborener, ich bin keiner von den Weißen, ich bin kein Caballero, ich bin kein Herr, genau wie ihr bin ich hier geboren. So sagt er.

Juan Guamán, La Moya

Unsere Vorfahren, unsere Großmütterchen erzählten, daß sich unser Chimborazo in Señora Isabel verliebte, Isabel heißt da vorne der Vulkan, auch Sangay wird er genannt, alsdann, in sie verliebte er sich. Und da schickte der Chimborazo zwei schwarze Maultiere, um ihr Stücke von sich zu schicken. Isabel bekam die Stücke und schickte einen Fuchs, ein Tier, das Fuchs heißt. Dieses Tier stinkt, wenn es pißt, es ist nicht gut, nicht mal das Fleisch ist was wert, dieses Tier schickte Isabel damals dem Chimborazo.

Antonio Pacheco, Pulinguí

Ja, seitdem hat Isabel keinen Fuchs mehr, und der Chimborazo hat seitdem Wild, Kaninchen, Wolf, Kondor und alles sowas. Damals, von früher her, konnte der Fuchs, wenn es in der Nacht blitzte, zum Tungurahua gehen oder zum Chimborazo selber, dieses Tier kam seitdem zum Chimborazo, so hat es mir mein Papa erzählt, dem es der Papa meines Papas erzählte, das heißt, meine Großeltern.

Miguel Miñarcaja, La Moya

Mein Papa erzählt, daß drinnen im Chimborazo, in diesem Weiß drinnen, eine Stadt gewesen ist und man Glück haben und vorher Tabak rauchen und ordentlich einen heben mußte, um reinzukommen. Einen Liter mußte man schlucken, sagt er, und rauchen. In diesem weißen Teil gibt es eine enge Spalte, wo kein Mensch durchkommt, und wenn es doch einer schafft, hat er Glück gehabt, denn die Stadt ist in Gold gebadet und voller Reichtümer.

Flor Sisa, La Moya

Auf der Suche nach einem kleinen Esel ist ein kleiner Mann reingekommen, weil der Chimborazo ihm das Glück dazu gab, und er hat zuerst einen Flur gefunden und dann, als er durch war, ein Häuschen, und dort sind ihm genau solche Reichtümer erschienen, solche Haufen Silber und Diamanten, die da drinnen sind.

Alsdann hat er den Vater Chimborazo getroffen, und der fragt ihn: Hast du was verloren? – Herr, ein Eselchen, das sich hier verlaufen hat, hast du es nicht gesehen, Herr? – Dein Tierchen hat sein Fressen schon gehabt, kümmer dich nicht drum, hat er gesagt, komm, ich werde dir auch was bestellen, gehen wir.

Und siehe, da drinnen hat der Kessel gekocht, da hat er eingeladen, nimm bißchen Brei, bißchen Mais, hat er gesagt und redet weiter, gut, Söhnchen, nimm nur Silber, nimm noch mehr Silber und geh nur. Und dann hat er verlangt: Guck da rein, kleiner Mann, in diesem Kessel haben wir Brei für die alte Isabel gekocht, aber iß nicht davon, so hat der Chimborazo gesagt, kein bißchen, er ist süß, aber zu süß, soll sie nur kommen. Nun, dieser Brei ist kein richtiger Brei gewesen, nur Mistkäfer, alle Sorten Käfer, und es hat bloß ausgesehen wie Mais, wie Bohnen.

Und er hat ihr auch ein angebranntes Schwein geschickt, geh, gib für mich dieser alten Isabel dieses angebrannte Schwein, und er hat gesagt, besteige diesen Geier. Der Mann sagt, dieser Geier ist ein Kondor, und Vater Chimborazo erwidert, ein Pferd ist dieser Geier, den sie Kondor nennen. Und seht, daraufhin hat er ihn zu ihr geschickt.

Juan Guamán, La Moya

Damit brachte er es fertig, Isabel wild zu machen, sie schleuderte Feuer und Rauch, und auch der Chimborazo ärgerte sich, und seitdem hat es geregnet und gehagelt, Compañero, so ist unser Vater Chimborazo gewesen, haben sie erzählt.

Antonio Pacheco, Pulinguí

Die letzten Eisträger

Von früher her haben die Älteren gewußt, wie man das Eis holt. Sie sind mit dem Esel gegangen, mit der Spitzhacke, der Breithacke und dem Beil, um das Eis herauszuholen und es dann in die Städte zu bringen und zu verkaufen, man hat Speiseeis damit gemacht, hat das Fleisch, das Korn frisch gehalten.

Miguel Miñarcaja, La Moya

Damals gab es kein Fabrikeis, nichts, nur Eis vom Chimborazo, und wir arbeiteten als Eisträger wegen der Armut, weil uns der Bauch wehtat, drum arbeiteten wir im Eis. Jetzt kommt Eis von überall her, es kommt vom Wasser selber.

Juan Guamán, La Moya

Viele haben es nicht geschafft, Eis zu holen, nichts da, nur die Stärksten, die alles verließen, den Kopf einwickelten, alles einmummelten, konnten bei soviel Schinderei auf den Chimborazo gehen.

Jorge Miñarcaja, La Moya

Ich war ohne Vater, wir wuchsen mit dem Vater eines anderen auf, und schon von klein auf sind wir Eis holen gegangen. Es war hart wegen der Kälte, es war ja sehr kalt, wir hatten nicht mal Leibröcke, und wenn der Hanfschuh kaputtging, sind wir barfuß hingegangen; müde, wie wir waren, schafften wir es, wir waren es ja gewohnt. Wir konnten den ganzen Tag hungern, und auch die Tiere waren müde, manchmal waren wir starr vor Kälte und weinten.

Damian Sisa, La Moya

Manche sagen, im Eis arbeiten ist leicht, nur der Esel würde schwer arbeiten und wir nicht. Aber wenn wir oben waren, regnete es plötzlich, und mit der großen Kälte kam der Schauer, Hagel- wie Regenschauer, vom Himmel, es schüttete dicke Flocken, ringsum schneite es, und der Schnee klebte am Poncho, an der Lederhose, am Hut, er klebte wie Leim. So haben wir unter der Kälte gelitten, denn bei Frost arbeiteten wir auch, aber im grünen Eis, diesem grünen Eis drinnen, nicht in dem bunten Eis oder dem weißen Eis, das oben liegt.

Juan Guamán, La Moya

Zuerst schneiden wir Stroh, dann steigen wir hinauf, dort heben wir ungefähr einen Meter Sand aus, um darunter das Eis rauszuholen. Wir hacken ringsum auf, dann legen wir das Eis mit dem Spaten frei, und wenn wir mit dem Graben fertig sind, gehen wir mit der Stange daran, hacken wieder mit dem Beil und hüllen alles in Stroh ein. Am nächsten Tag gehen wir nach Riobamba hinunter, und in dieser Saison zahlten sie nur drei Sucres, sechs kostet das Maultier, es reicht also nur, um die Tiere und den Karren zu bezahlen.

Damian Sisa, La Moya

An einem Platz, der Vier Ecken heißt, haben wir die Tiere nach Riobamba beladen, um vier oder fünf Uhr morgens, und sind um sieben oder acht Uhr morgens in Riobamba angekommen, um das Eis den Eishändlern, den Eisdielen zu verkaufen. Müde zum Gotterbarmen waren die Eisträger, ich habe sie selber gesehen, Compañero.

Miguel Miñarcaja, La Moya

Ein Ausländer namens Humboldt

Die Bauern hielten es für ein Wunder, daß dieser Ausländer namens Humboldt an den Chimborazo gekommen war, denn vor ihm, glaube ich, hatte es kein Forschungsreisender bis hierher geschafft, und dieser Señor bat die Einheimischen um Hilfe, und die Einheimischen halfen ihm und stiegen auch mit auf. Sie sagten ihm, daß es dort

Wölfe gibt, daß es allein schwer ist, voranzukommen, daß er, wenn er kein Glück hat, scheitern könnte; aber er hatte keine Angst, und dann ließen sie ihn ziehen und wünschten ihm Glück.

Flor Sisa, La Moya

Die Jahreszeit, in der Humboldt vor zweihundert Jahren ankam, war leider sehr schlecht. Damals war der Chimborazo noch wilder und noch höher und noch dichter mit Espartogras bewachsen. Es muß wilde Tiere gegeben haben, Hirsche, Kaninchen, es muß Füchse, den Kondor, Elefanten gegeben haben. Seit kurzem sterben sie aus, weil so viele Leute herkommen.

Jorge Miñarcaja, La Moya

Ja, heute können wir uns kaum noch vorstellen, welch Abenteuer es damals für Humboldt war, in einer für ihn ganz anderen Welt, auf schrecklichen Wegen, in einem furchtbaren Klima, mit einer Menge Unbequemlichkeiten, denen sich auszusetzen nur wenige Menschen bereit waren, und er nahm dies alles nicht auf sich, um Reichtümer zu finden, sondern opferte sein Geld, um Wissen zu erlangen.

Pedro Schütt, Regie-Assistent

Zur Zeit unserer Vorfahren war der Chimborazo noch wilder, Compañero, und viele Weiße aus Deutschland und verschiedenen anderen Ländern mußten sterben. Sie starben und kehrten nicht heim. Der Sturm drückte sie nieder, warf sie um, der Schnee deckte sie zu, als man sie suchen ging, fand man sie nicht, sie kehrten nicht zurück, sie waren umgekommen.
Damals gab es auch noch häufiger ein Tier so ähnlich wie ein Geier, groß, stark, es hieß Kondor, dieses Tier, und wenn es den Menschen fand, fraß es ihn.

Antonio Pacheco, Pulinguí

Wenn fremde Leute aus Deutschland oder anderen Ländern kamen, ließ der Chimborazo sie nicht an sich heran, sie erreichten ihn nicht, er drohte ihnen sofort. Er kann sich auch den Leuten von hier stark und ungeheuer wild zeigen, aber noch schlimmer macht er es mit Leuten, die aus der Fremde kommen. Er will nichts von ihnen wissen, sie sollen ihm nicht zu nahe kommen, sonst ärgert er sich, und wenn er richtig wütend wird, donnert er wie der andere große Berg, wie der Vulkan, den wir Isabel nennen, dann bedeckt sich der Himmel und es wird dunkel wie bei Nacht. Das alles tut der Vater Chimborazo.

Jorge Miñarcaja, La Moya

Humboldt träumte einen großen Traum, um dessentwillen er vorwärtsstrebte; ich stelle mir vor, daß er immer nach oben blickte, die Kälte, die Mühen des Aufstiegs, nichts machte ihm etwas aus, und nie verließ ihn die Kraft, solange er nur seinen Traum nicht aus den Augen verlor.

Lilián Granda, ASOCINE

Vor zweihundert Jahren ist Humboldt gekommen, begleitet von starken Männern, und er hatte vor, den Chimborazo anzugehen, aber er hat es nicht ganz fertiggebracht, weil der Chimborazo wilder und wütender war als sonst jemand, er schleuderte Hagel, das, was wir in unserer Sprache papacara, razo nennen, er schüttete alles zu bis zu den Espartograsfeldern.

Esteban Miñarcaja, La Moya

Mir scheint, Humboldt war eine herausragende Persönlichkeit seiner Zeit, ein Aufgeklärter, würde ich sagen, Menschen seiner Art waren damals so ungewöhnlich und kostbar, wie sie es heute sind.

Elena Corral, ASOCINE

Was mich betrifft, so glaube ich schon, daß der Señor Humboldt ein starker Mann war, aber den Chimborazo, der noch stärker war, konnte er nicht besiegen.

Cesar Pacheco, Pulinguí

In meinen Augen war Humboldt eine Persönlichkeit mit sehr eigenen Neigungen und Motivationen, unzufrieden mit seiner gesellschaftlichen Umwelt und nicht gewillt, sich ihr anzupassen, voller Drang, auf Entdeckungsreisen in die Welt zu ziehen, die Europa die neue Welt nannte. Das bedeutete für ihn auch, sich selbst zu entdecken. Er war voller Ideale, er suchte das Reinste, das Höchste, und das war, symbolisch, eben der Chimborazo.

Lilián Granda, ASOCINE

Er wollte den Chimborazo kennenlernen, ihn besteigen, weil er dachte, das ist der höchste Berg der Welt, aber das stimmt nicht. Er kam in Calpi an, und dort haben alle ihn empfangen, ihm ein Fest gegeben, ihn bis zum Chimborazo begleitet, von dem er dachte, das ist der größte Berg, aber später hat er erfahren, daß es nicht so ist.

Flor Sisa, La Moya

Die Träume des Menschen müssen sich in seinem Leben nicht notwendigerweise erfüllen. Tatsächlich sind die Träume von Bolívar, Humboldt, die von Montúfar und von Pacho, sind der Traum der Gemeinschaften und die Menschheitsträume bis heute nicht verwirklicht, sie werden von jeder Generation neu interpretiert, ja neu geschaffen und aus ihrer gestrigen Gestalt in eine morgige hinübergeführt.

Pocho Alvarez, ASOCINE

Humboldt war der erste Europäer, der nach Lateinamerika nur kam, um Kenntnisse zu gewinnen und zu übermitteln, zu forschen, den Horizont der europäischen Gesellschaft zu erweitern, ein Mensch, der – was mir sehr wichtig scheint – von dem Drang beseelt war, Erfahrungen und Erlebtes mitzuteilen.

Pedro Schütt, Regie-Assistent

Der Señor Humboldt wollte die höchsten Gegenden der Welt kennenlernen, er kam als ein Mensch mit wissenschaftlichen Kenntnissen zum Chimborazo, um ihn mit Hilfe unserer Vorfahren zu besteigen, ihn zu erforschen, und um anderen Menschen jener Zeit zu beweisen, daß er einen Punkt erklimmen kann, bis zu dem vor ihm kein Wissenschaftler und kein Fremder gelangt war.

Cesar Pacheco, Pulinguí

Ich schrieb eine Erzählung über Carlos Montúfar und könnte nicht bestätigen, daß Humboldt homosexuell war, auch nicht platonisch, denn damals war es ganz üblich, daß Männer sich Briefe schrieben, in denen sie zärtliche Worte gebrauchten. Es ist möglich, daß er sich von Montúfar angezogen fühlte, aber wahrscheinlich doch nur platonisch; schade, daß der Film die Persönlichkeit Montúfars nicht vollständig behandeln kann, auch nicht sein ungeheuer interessantes Leben, man sieht ihn einen geschichtlich knappen Augenblick als ganz jungen Mann, noch ohne jene Erfahrungen, die ihn später veränderten.

Luis Miguel Campos, Quito

Humboldt kann nicht nur glücklich gewesen sein, er muß auch viel gelitten haben, denn Schranken zu durchbrechen, bringt große geistige Leiden mit sich. Doch das trug dazu bei, ihn aufzuschließen, er kam hierher nicht mit den Augen und den Vorurteilen eines Kolonisators.

Lilián Granda, ASOCINE

Humboldt trachtete nicht danach, zu erobern, und dennoch hat er ein wahres Imperium hier gegründet, nämlich das der Wissenschaften. Für ihn, den Europäer, war Carlos Montúfar zweifellos ein wichtiger nationaler, lateinamerikanischer Widerpart.

Jorge Vivanco, ASOCINE

Was ich über Humboldt wußte, war nicht mehr, als wir Abiturienten alle wußten, ohne tiefer eingedrungen zu sein, und durch die Verwirklichung der Idee, hier zu filmen, durch unsere Mitarbeit am Film erfuhren wir nach und nach den unendlichen Wert, den seine Forschungen und seine Kontakte mit dieser unserer Welt hatten.

Cristóbal Corral, ASOCINE

Humboldt hatte, glaube ich, ein starkes Interesse daran, etwas über unsere Vorfahren zu lernen, zu wissen, wie unsere Bauern in der Landwirtschaft arbeiten, wie sie in der Familie leben, wie sie mit ihr umgehen, mit dem Vieh, was für Tiere sie haben, und um das alles zu erfahren, ist der Señor Humboldt vor zweihundert Jahren gekommen. Das alles wollte er wissen, lernen und das Wissen unserer Vorfahren und auch etwas über den Chimborazo mit zurück in sein Land nehmen.

Miguel Miñarcaja, La Moya

Humboldt war Humanist, kultiviert, sehr fortschrittlich, ja revolutionär, wenn auch sicherlich zum Barrikadenkämpfer nicht geboren. Auch 1848 begrüßte er die Revolution, sein Herz gehörte den deutschen Märzgefallenen. Seine politischen und sozialen Ideen stehen auch unserem Fortschrittswillen heute sehr nahe.

Pedro Schütt, Regie-Assistent

Humboldt war nicht gekommen, um als Weißer die Eingeborenen hier zu mißhandeln, sondern er kam nur, um zu lernen, wie unser Leben ist, und um den Vater Chimborazo kennenzulernen, der früher noch wilder war als jetzt.

Juan Cayambe, Pulinguí

Ich glaube, es war sehr wichtig, daß Humboldts wissenschaftliche Arbeit hier das Feuer des lateinamerikanischen Unabhängigkeitswillens belebte und anfachte.

Jorge Vivanco, ASOCINE

Vor allem ist dieser Compañero mit dem Gedanken an unsere Vorfahren gekommen. Von den Spaniern sind sie schlecht behandelt worden, nun, und dieser Compañero hat die ganze Welt daran erinnert.

Manuel Rumancela, Pulinguí

Humboldts und Bolívars Taten waren sehr voneinander unterschieden und wirkten doch in die gleiche Richtung. Bolívar mußte zur militärischen Gewalt für die Befreiung Lateinamerikas greifen. Humboldt griff zu der ihm eigenen Gewalt und half uns durch seine wissenschaftliche Arbeit, die Heimat zu entdecken und damit unserem Befreiungswillen das Ziel zu geben.

Pocho Alvarez, ASOCINE

Zwei Welten, zwei Kulturen

Wir hatten gerade angefangen, Kartoffeln zu legen, als dieser Compañero Rainer uns bat, beim Film mitzumachen, aber wir verstanden das nicht, weil wir von diesen Dingen nichts wußten, wir haben hier keine Filme gekannt.

Esteban Miñarcaja, La Moya

Der Vorschlag war für ASOCINE eine große Herausforderung, weil wir unsere eigene Phantasie entfalten mußten, um die Indígenas zu einer für sie fremden, das heißt für sie letztlich abstrakten Aktivität, die Filmarbeit, aufzurufen und sie auf die ihnen ferne Kultur- und Gedankenwelt Humboldts zu konzentrieren.

Pocho Alvarez, ASOCINE

Nun, einige von uns dachten . . . Weil sie furchtsam sind, sagten sie, die sind nur gekommen, um herauszukriegen, wo das Gold des Chimborazo liegt, und sie sagten, weil sie Angst davor hatten, es wird so gehen wie in der Geschichte von früher, nicht wahr, als die Gringos kamen, ihnen alles wegnahmen, sie umbrachten und die Frauen vergewaltigten, davor hatten sie Angst.

Flor Sisa, La Moya

Als wir die ersten Kontakte mit den Gemeinden der Einheimischen knüpften, hegten sie riesige Zweifel, was wir mit ihnen machen würden. Obwohl einige wenige schon bei einem nationalen Film mitgewirkt hatten, besaßen sie keine Vorstellung, was geschehen und wie es gemacht werden würde, ob wir sie zu betrügen und zu berauben gedächten und schließlich, was dabei herauskommen würde.

Cristóbal Corral, ASOCINE

Die Leute hatten Angst, die Älteren waren, glaube ich, voll Furcht und sagten: Woher sind die, sie werden uns unser Land wegnehmen, wir werden nichts mehr behalten, so sagten sie.

Alfonso León, La Moya

Wir sind ja eine für sie sehr bekannte kulturelle Tatsache: die Kultur der Herren, die Kultur der Mißachtung ihrer eigenen Kultur, und jeder noch so ernst gemeinte Antrag von uns ist für sie zunächst immer zweifelhaft. Die Not, die Neugier und der den Indígenas innewohnende Geist des Suchens führten dazu, daß unserem Antrag zu Mitarbeit doch Aufmerksamkeit entgegengebracht wurde.

Pocho Alvarez, ASOCINE

Ich meinerseits zweifelte etwas, und ebenso erging es den anderen, sie sagten immer wieder: Die Compañeros aus Quito sind ja unsere Landsleute, aber die anderen Compañeros sprechen nicht Spanisch, und wir können mit den Señores aus Deutschland ja nicht Deutsch sprechen. Also hatten wir etwas Angst. Das kam auch vor.

Victor Miñarcaja, La Moya

Es ging darum, daß städtische Mestizen, Indígenas, Deutsche aus Ost und West, Menschen verschiedener Breiten, unterschiedlicher Erdteile, anderer Sprachen und anderer sozialer, kultureller Gesellschaftsordnungen sich miteinander verbünden und harmonisieren sollten für eine anspruchsvolle Arbeit, die in unwirtlichen, hochgelegenen Gebieten geleistet werden mußte. Das konnte sich leicht, um mit der Bibel zu sprechen, in einen aussichtslosen Turmbau zu Babel verwandeln.

Ramiro Bustamente, ASOCINE

Alsdann, als die Gringos kamen, hatten ein paar kleine Mädchen, denen sie ja fremd waren, Angst, und, schön, die Erwachsenen, klar, die wunderten sich, aber alle wollten wissen, wie die Gringos leben, das wollten sie wissen.

Flor Sisa, La Moya

Wir glaubten, die europäische Kultur zu verstehen, gemäß unserer Ausbildung sogar an ihr teilzuhaben, aber von unseren Vorfahren her liegt in uns vor allem auch die einheimische Kultur, das ist wichtig, auch von diesem Gesichtspunkt aus gesehen kam die Teilnahme von ASOCINE, von uns Mestizen, dem Film sehr zugute.

Jorge Vivanco, ASOCINE

Die Beziehungen wurden zuerst mit den Bürgermeistern der Gemeinden geknüpft, und es wurde genau darauf geachtet, deren traditionelle Organisation zu respektieren. Den Gemeindeversammlungen wurde das Projekt erläutert, und sie gaben ihre Zustimmung. Es folgte die Wahl der Schauspieler entsprechend den Erfordernissen des Films und der dramatischen Fähigkeit der Kandidaten; was die Statisten anlangt, so suchten die Gemeindeversammlungen Mitglieder jeder Familie aus, um die Teilnahme aller zu ermöglichen.

Cristóbal Corral, ASOCINE

Am Anfang war uns diese Arbeit nicht geheuer, das heißt, wir hatten Angst, mit Fremden ins Gebirge zu gehen, aber Gott sei Dank ist uns nichts passiert, und wir haben alles gut überstanden.

Fernando Miñarcaja, La Moya

Wir zweifelten, ob sie uns wirklich Bett und Essen geben würden, wie sie es uns versprochen hatten, denn mündliche Absprachen brauchten sie nicht einzuhalten, wir waren mißtrauisch, sie könnten uns irgendwo schlafen lassen, hungern . . ., aber das passierte uns nicht, denn, Compañero, sie hielten ihr Wort.

Alfonso León, La Moya

Bei allen früheren ASOCINE-Arbeiten hatten die Kosten nie sechsstellige Ziffern überstiegen, jetzt lag mir ein Berg, ein wahrer Chimborazo von Geld auf den Schultern. Viele Bauern konnten nicht unterschreiben, also nahmen wir mit dem Stempelkissen ihren Fingerabdruck, für die Alterchen unterschrieben ihre Kinder. Anfangs waren sie schüchtern, zögerten lange, und wir mußten sie zur Eile treiben, weil viele Leute zu bezahlen waren und die Nacht hereinbrach. Doch allmählich merkten sie, daß schnelles Handeln notwendig und die ganze Sache kein Problem war, und manche unterschrieben schwungvoll über die ganze Seite hinweg.

Norma Corral, ASOCINE

Die Herausforderung durch den Film, die in unserer eigenen, ziemlich cartesianischen Vorstellung voller dunkler Punkte war, wurde vom Realitätssinn der einheimischen Bauern glänzend gemeistert, sie agierten und reagierten ganz vom Erlebnis her.

Pocho Alvarez, ASOCINE

Ja, es ist so, es ist wahr, da wir mit dieser Arbeit nicht Bescheid wußten und keine Erfahrung mit den Compañeros aus Quito und aus Deutschland hatten, waren wir ein bißchen argwöhnisch, aber dann waren alle von uns sehr zufrieden, und wir haben gerne und auch gut, glaube ich, gearbeitet.

Jorge Miñarcaja, La Moya

Eine so vielschichtige Produktion wie diese konnte wirklich leicht ein Turmbau zu Babel werden. Aber es gab kaum Verständigungsschwierigkeiten, weil die Dinge stets klar besprochen wurden. Die DEFA-Kollegen achteten unsere Kultur, unsere Bräuche und wir alle zusammen die der Indígenas.

Cristóbal Corral, ASOCINE

Auch für die Lateinamerikaner ist es schwierig, die verschiedenen Gruppen der Indígenas zu erkennen, etwa so, wie ein Europäer die Afrikaner oder Asiaten erkennt, doch Rainer und die Koordinierungsmannschaft von ASOCINE kannten bald die Gesichter und die dazugehörigen Namen von allen. So manchem Regisseur sind die Statisten oft sehr unwichtig, aber gerade hieran erkennt man Qualitätsbewußtsein und Hingabe an die gemeinsame Arbeit. Feinfühligkeit bestimmte die Art, in der wir uns einander annäherten.

Pedro Schütt, Regie-Assistent

Der Wille zur Zusammenarbeit war auf allen Seiten größer, als ich gedacht hatte, es gab keine Schwierigkeiten oder Mißverständnisse trotz der ungeheuren Sprachbarriere, auch wenn kein Dolmetscher in der Nähe war und sich englische, spanische, deutsche und Quichua-Wörter furchterregend mischten, verstanden wir uns am Ende immer. Ich hatte mir dieses Aufeinandertreffen grundsätzlich verschiedener Kulturen härter vorgestellt.

Elena Corral, ASOCINE

Die Kulturen trennten uns nicht, sondern sie strömten zusammen in der Suche nach dem Menschlichen, das uns allen gemeinsam ist.

Pocho Alvarez, ASOCINE

Auf der Suche nach dem Menschen

Die fremden Kulturen vermögen sich zu treffen, wenn wir anerkennen, daß der sich auf sich selbst berufende Mensch in jedem Fall ihr Mittelpunkt ist.

Pocho Alvarez, ASOCINE

Alejandro Santillán, Cristóbal Corral, Pocho Alvarez und ich, wir leiteten für die ekuadorianische Seite, für ASOCINE, die Produktion. Wir teilten uns die Arbeit so, daß jeder sein spezielles Aufgabengebiet hatte und zugleich immer mit der ganzen Mannschaft zusammenarbeitete. Meine Aufgabe war vielleicht die undankbarste, besser: die schwierigste, weil ich für die kniffligen Finanzangelegenheiten verantwortlich war.

Norma Corral, ASOCINE

Als Schauspieler, als Darsteller des Carlos Montúfar, war es für mich ein wunderbares Erlebnis, mit den Indígenas zusammenzuarbeiten und zu erleben, wie sie ihr anfängliches Mißtrauen zusehends überwanden. Jene, die eine für sie ungewohnte Arbeit hatten – in kleineren Rollen, bei Requisite, Kostüm und so weiter – trugen viel dazu bei, indem sie eine freundschaftliche, herzliche Atmosphäre schufen, die, im Unterschied zu anderen Produktionen, jegliche Spannung ausschloß.

Luis Miguel Campos, Quito

Ich arbeitete mit dem Compañero Humboldt, wir gingen zusammen, wir sind gut miteinander ausgekommen, wir fühlten uns sehr wohl, wir danken allen Compañeros.

María Silveria Sanunga, La Moya

Meine Arbeit war die eines Koordinators für die Bauerndarsteller. Ich mußte darauf achten, wie es den Leuten geht, sie zum Hotel bringen, für ihr Essen sorgen und was es so alles gibt, mich um die Autos für sie kümmern, die Fragen der Caravaneros beantworten, mit Señor Rainer verhandeln, auch mit den Compañeros Pocho Alvarez, Alejandro Santillán und Señor Pecas, der Cristóbal Corral heißt. Auch mit den Señores von Chorrera in alten Kostümen war ich beschäftigt. Das war meine Arbeit.

Miguel Miñarcaja, La Moya

Für mich bedeutete es eine Entdeckung, daß die Produktion keine bloß mechanische Arbeit ist, daß man sich als einmaliges Individuum äußern und die persönliche Kreativität aus sich hervorholen kann. Wunderbar war es, mit einem so erfahrenen und feinfühligen Menschen wie Fredy Hirschmeier zusammenzuarbeiten.

Lilián Granda, ASOCINE

Ich werde dir erzählen, Compañero: Früher arbeitete ich als Medizinmann, und wir Medizinmänner brauchen alle Ei, Sperma, Wasser, Feuer; und einige andere Dinge müssen wir kaufen, und dann rufen wir in alle Berge, so heilt man Krankheiten mit unseren Mitteln.

So ist die kleine Rolle, die man mir im Film gegeben hat, die des Schamanendoktors, und wir haben alle Berge angerufen, die großen Berge, damit sie den Compañeros helfen. Und sie haben geholfen, wir sind losgezogen, wir sind wunderschön angekommen, wir haben gut gearbeitet, ich danke den Bergen, daß es für uns so gut ausgegangen ist, denn wie ich ja gesagt habe, wir haben sie alle angerufen.

Fortunato Hipo, La Moya

Die Bauern mußten eine schwere innerliche Arbeit vollbringen. Sie mußten verstehen lernen, daß die europäischen Auffassungen nicht entfernt ihren einheimischen entsprechen, und sie mußten im 20. Jahrhundert die geschichtlich gewordene Weltauffassung ihrer Vorfahren wiederbeleben und diese, wo sie inzwischen nicht mehr tradiert ist oder erinnert werden kann, neu schaffen.

Pocho Alvarez, ASOCINE

Die Auffassungen der Indígenas von der Natur haben etwas mit der Wiege zu tun. In ihrer Kultur ist die Erde ihre Mutter, die ihnen erst Wesen verleiht und ihnen die Achtung für die Naturerscheinungen vermittelt, für den Vulkan, den Wasserfall, die Sonne, den Berg, und so der tatsächlichen Natur etwas von einer übernatürlichen Tatsache hinzufügt. Das gilt auch für den Chimborazo.

Pocho Alvarez, ASOCINE

Wenn man die Berge kennt, hat man große Achtung vor ihnen, sie sind sehr gefährlich, und wirklich, während der ganzen Arbeit hatten wir keine Schwierigkeiten – abgesehen von den Mißgeschicken, wie zum Beispiel der Höhenkrankheit, die einige wenige Compañeros befiel, weil sie ungläubig waren und die Macht des Berges nicht respektierten –, der Chimborazo beschützte uns wahrhaftig.

Pedro Schütt, Regie-Assistent

Ich bin nicht abergläubisch und hatte vorher nicht darüber nachgedacht, aber einige von uns traf ein kleines Mißgeschick. Olivier Pascalin (Bonpland) sank ohnmächtig auf einen Fels, und Jan Liefers (Humboldt) wurde auch schwarz vor Augen. Und ich selbst, ich hatte gedacht, die Höhe würde mir nichts ausmachen, doch mir erfroren die Füße, ich verlor das Gefühl und das Bewußtsein, und es ist interessant, daß sie unter Stockschlägen wieder auftauten.

Luis Miguel Campos, Quito

Als Rainer die Berge um Gewährung ihres Schutzes anflehte, fühlte er, so glaube ich, trotz ganz anderer Herkunft mit der Besessenheit seines Genies die Realität dieses alten Indígena-Ritus.

Lilián Granda, ASOCINE

Diese Arbeit war für uns schön, obwohl sie ein Opfer war, das wir mit denen von ASOCINE, mit denen aus Deutschland, mit den Bauern von hier brachten, denn wir kämpften mit diesem Schnee, mit der Kälte, mit dem Eis der Berge.

Fernando Miñarcaja, La Moya

Es war eine große Aufgabe, eine große Geschichte, es machte Freude, mit den Tieren umzugehen, ich war stolz, als ich mit diesem Gepäck auf den Schultern den Fluß durchquert hatte, es war schön, sich in diesen Kleidern unserer Vorfahren anzusehen und sich darüber mit unseren Kindern zu unterhalten.

Esteban Miñarcaja, La Moya

Ja, für uns war der Film nützlich, denn wir stehen jetzt in der Dorfgemeinschaft enger zusammen und sind wieder einig, nachdem die fremden Prediger aus Nordamerika Unfrieden gebracht hatten, und als Ekuadorianer werden wir glücklich sein, wenn den Menschen auch in anderen Ländern, auf anderen Kontinenten, das gefällt, was wir gemacht haben.

Segundo Guamán, La Moya

Von allem das Beste war für uns die Erinnerung an die alte Bauernkultur unserer Vorfahren und weiter, daß wir das erste Mal in einem Film gearbeitet haben, etwas Neues, eine neue Gelegenheit zur Freude.

Fernando Miñarcaja, La Moya

Wir waren in die Zeit unserer Vorfahren zurückversetzt, Compañero, wir haben, indem wir es selber machten, ihnen zugesehen, wie sie dahinzogen, die Tiere beluden, die Señores bedienten.

Juan Cayambe, Pulinguí

Was ASOCINE betrifft, so sammelte sie Erfahrung, gewann Freunde, und so wie in den Gemeinden wurde auch bei uns ein guter Teil der Honorare für Gemeinschaftsaufgaben bestimmt; die Haupteinkünfte, mehr als fünfzig Prozent der Personalkosten, wurden freiwillig dem Verband zugeteilt, zugunsten aller, denn wir dachten immer daran, daß hinter uns noch fünfzig Mitglieder stehen und hinter ASOCINE zwölf Jahre Arbeit und Geschichte liegen.

Ramiro Bustamente, ASOCINE

Ich war sehr zufrieden mit uns Bauern, und der Compañero Rainer und die anderen Compañeros waren es auch, es gefiel ihnen, hier mit den Einheimischen zu arbeiten, zu sehen, wie sie leben und wie die alten Bräuche sind, ich glaube, der Compañero Rainer war zufrieden und glücklich, und für mich war es wie ein Fest der Freude.

Miguel Miñarcaja, La Moya

Rainer Simon, Paul Kanut Schäfer, Karl Menzinger, Juan Escobar, die ganze deutsche und ekuadorianische Mannschaft, sie mußten Humboldt, einen Menschen, der vor zweihundert Jahren gelebt hat, wiedererschaffen und aufheben in den kulturellen Leistungen der Menschen des zwanzigsten Jahrhunderts.

Pocho Alvarez, ASOCINE

Als sie diese Geschichte kennenlernten, die Arbeit daran sahen, beglückwünschten sich die einheimischen Bauern, es gefiel uns allen, zu sehen, daß wir wie unsere Großeltern angezogen waren, wie glücklich war ich, die Tiere zu beladen, die Lamas, die Maultiere, die Eselchen, und die alten Körbe und die alten Wasserkrüge aus der Zeit vor zweihundert Jahren zu tragen.

Federico Guamán, La Moya

Die Bewohner von La Moya freuten sich, als würde ein Fest gefeiert, vom Cotopaxi kamen wir mit der Karawane, um hier in unserem Dorf Station zu machen. Wie bei einem großen Fest freuten sich die Leute allesamt, Kinder, Alte, Frauen, Männer, alle kamen heraus, um die Karawane zu sehen.

Miguel Miñarcaja, La Moya

Daß Filmemacher aus beiden Teilen des durch den Krieg getrennten deutschen Volkes sich zu einem gemeinsamen Projekt vereinten, war für ASOCINE eine große Motivation der Beteiligung. In Alexander von Humboldt sahen wir nicht nur die deutsch-deutsche Integrationsfigur, die das Projekt ermöglichte, denn sein Wirken ist von unvergänglicher Bedeutung für die Beziehungen zwischen Europa und Lateinamerika.

Ramiro Bustamente, ASOCINE

Immer kommt es mir so vor, als wäre es erst gestern gewesen, daß wir den Film machten. Dabei ist schon wieder so viel Zeit vergangen, daß inzwischen die Mauer gefallen ist, die Berliner Mauer. Jetzt, nachträglich, ist mir klar, daß sie schon mit diesem deutsch-deutschen Chimborazoprojekt niederzubrechen begann.

Zweifellos werden die Europäer, die von den Nachwirkungen des zweiten Weltkriegs so lange entzweit waren, wieder zueinanderfinden. Aber das bedeutet hoffentlich nicht, daß sie Lateinamerika vergessen, daß diese andere, schrecklichere, unmenschlichere Mauer, die die reichen Länder von den armen, die ›zivilisierten‹ von den ›nichtzivilisierten‹ Ländern trennt, noch höher wird.

Cristóbal Corral, ASOCINE

Jetzt gilt es mehr denn je, sich an Humboldt zu erinnern, der als erster wirklich damit begann, die Mauer des europäischen Unwissens von unserer Kultur, die Barrieren der europäischen Vorurteile für Lateinamerika in mühevoller, strapazenreicher Arbeit abzutragen.

Pedro Schütt, Regie-Assistent

Grüße vom Chimborazo

Als die Compañeros von ASOCINE und aus Deutschland wieder abfuhren, waren alle traurig. Auch wir, als das Drehen mit der Karawane zu Ende war. Wir können den Compañero Rainer und die anderen, die wir kennengelernt haben, vielleicht nie wieder hier willkommen heißen, noch weniger können wir reisen, um sie zu besuchen, so sind wir traurig zurückgeblieben, es scheint, unser Haus ist leer.

Jorge Miñarcaja, La Moya

Ich empfinde ganz tief im Herzen großen Stolz über die Arbeit in der Karawane mit den Compañeros von ASOCINE aus Quito und mit denen aus Deutschland, hoffentlich erreicht sie diese Botschaft, dieser Gruß, den wir, Bürgermeister Jorge Miñarcaja und ich, allen schicken, mit denen wir hier in der Gemeinde La Moya gearbeitet haben.

Esteban Miñarcaja, La Moya

Meine Botschaft gilt dem Land, in dem Señor Rainer und Señor Humboldt wohnen, er gilt Señor Olivier, der aus Frankreich ist, und dem Compañero Pedro, der aus Bolivien ist, meine Botschaft ist ein herzlicher, brüderlicher Gruß, hoffentlich kommt die Gelegenheit, sie wiederzusehen! Eine große Umarmung für Compañero Rainer, für die Compañeros, die in Quito arbeiten, Pocho, Alejandro, Cristóbal, eine Umarmung für den Compañero Carlos Menzinger aus Deutschland, der hier ein Andenken hinterlassen hat, ein Pumpenhaus für die Bewässerung.

Miguel Miñarcaja, La Moya

Compañeros, wir danken, daß Ihr uns besucht und alles gefilmt habt, was wir Euch zeigen konnten, uns selbst, unsere Provinz Chimborazo, unsere Tierchen, unsere Hütten. Wir warten mit offenen Armen, um Euch ohne Argwohn wieder zu empfangen.

Victor Rumancela, Pulinguí

Gruß den Compañeros aus Deutschland, die in unsere Hütten am Chimborazo kamen, hoffentlich kommen sie einmal wieder, um zu sehen, wie wir hier in dieser Kälte arbeiten! Wir lieben Euch immer, denken immer an Euch, und so schicken groß und klein Grüße an die Compañeros aus Deutschland.

Andres Guamán, Pulinguí

Compañeros aus Deutschland und von ASOCINE, wir grüßen Euch von den Abhängen des Chimborazo, grüßen aus der Ferne! Hoffentlich geht es Euch dort gut. Entschuldigt auch, daß unser Berg in jener Jahreszeit so schneereich war, daß es so viel Eis und so viel Hagel gab.

Manuel Rumancela, Pulinguí

Hier leben wir immer noch, Señores aus dem Ausland. Ich, der Eisträger vom Chimborazo, sende allen Arbeitern viele Grüße, sie kommen aus der Gemeinde La Moya.

Juan Guamán, La Moya

Hoffentlich vergeßt Ihr uns nicht, kommt wieder, wir warten auf Euch, wir denken an alle Compañeros, so wie Ihr an uns denken sollt.

Antonio Gualancañay, Pulinguí

Wir sind gerade jetzt an den Hängen des Berges ein bißchen eingeschneit, alle sind versammelt, und wir möchten Euch mit dieser Botschaft sagen: Kommt wieder, um hier zu arbeiten, und vergeßt den Vater Chimborazo nicht, wie auch er Euch nicht vergessen wird!

Antonio Pacheco, Pulinguí

(Interviews, Gliederung und Zusammenstellung: Alejandro Santillán; unter Mitarbeit von Cristóbal Corral, Ana Santillán, Iván Castañeda.)

Literaturverzeichnis

Alexander von Humboldt: *Die Wiederentdeckung der Neuen Welt.* Erstmals zusammengestellt aus dem unvollendeten Reisebericht und den Reisetagebüchern. Herausgegeben, eingeleitet und aus dem Französischen übersetzt von Paul Kanut Schäfer. Berlin 1989.

Alexander von Humboldt: *Eine wissenschaftliche Biographie*. Bearb. und hrsg. von Karl Bruhns. 3 Bde. Leipzig 1872.

Die Jugendbriefe Alexander von Humboldts 1787–1799. Herausgegeben und erläutert von Ilse Jahn und Fritz G. Lange. Berlin 1973.

Briefe Alexander von Humboldts an seinen Bruder Wilhelm. Herausgegeben von der Familie von Humboldt. Berlin 1923.

Wilhelm von Humboldt: *Gesammelte Schriften.* Herausgegeben von Albert Leitzmann, Wilhelm Richter u. a. Berlin 1903–1936.

Goethe's *Briefwechsel mit den Gebrüdern von Humboldt* (1795–1832). Im Auftrag der von Goethe'schen Familie herausgegeben von F. Th. Bratranek. Leipzig 1876.

Gabriele von Bülow, Tochter Wilhelm von Humboldts: *Ein Lebensbild.* Aus den Familienpapieren Wilhelm von Humboldts und seiner Kinder. Berlin 1895.

Johanna Schopenhauer: *Ihr glücklichen Augen.* Jugenderinnerungen, Tagebücher, Briefe. Berlin 1978.

Die Luftfahrer: *Geschichte, Lust und Abenteuer des Ballonflugs.* Nach zeitgenössischen Berichten und Dokumenten zusammengestellt und geschrieben von Hansjörg Schmitthenner. Ohne Ort und Jahrgang.

Stabliste

Die Besteigung des Chimborazo

Eine Gemeinschaftsproduktion
des DEFA-Studios für Spielfilme Gruppe ›Babelsberg‹,
der TORO-Film GmbH und des ZDF
mit Unterstützung von ASOCINE – Ekuador; 1989.
(Breitwand, Farbe, 3000 m, 109 Minuten)

Buch:	Paul Kanut Schäfer/Rainer Simon
Regie:	Rainer Simon
Kamera:	Roland Dressel
Dramaturgie:	Erika Richter
Redaktion:	Wolfgang Hammerschmidt
Produktion:	Dorothea Hildebrandt
Szenenbild:	Alfred Hirschmeier
Musik:	Robert Linke
Kostüme:	Günther Heidemann
Masken:	Klaus Friedrich
Ton:	Christfried Sobczyk
Schnitt:	Helga Gentz
Regie-Assistenz:	Barbara Mädler/Dietmar Haiduk
Kamera-Assistenz:	Dietram Kleist/Wolfgang Ebert
Aufnahmeleitung:	Günter Berger
Requisiten:	Jörg Danneberg

Stab ASOCINE – Ekuador

Produktionsleitung:	Juan Escobar, Alejandro Santillán, Norma Corral
Logistik:	Jorge Vivanco
Drehbuchberatung:	Alejandro Santillán
Regie-Mitarbeit für Laiendarsteller:	Pocho Alvarez
Regie-Assistent:	Pedro Schütt
Kostüme:	Elena Corral
Requisiten:	Lilián Granda
Vorbereitung und Motive:	Cristóbal Corral, Igor Guayasamín
Expediciones Andinas Ecuador:	Marco Cruz

Darsteller:

Jan Josef Liefers:	Alexander von Humboldt
Luis Miguel Campos:	Carlos Montúfar
Olivier Pascalin:	Aimé Bonpland
Pedro Sisa:	Pacho
Monika Lennartz:	Frau von Humboldt
Götz Schubert:	Wilhelm von Humboldt
Hans-Uwe Bauer:	Georg Forster
Sven Martinek:	Reinhard von Haeften
Peter Mohrdieck:	Willdenow
Carl Martin Spengler:	Kunth
Herbert Sand:	Blanchard
Augusto Sacoto:	Marqués
Toty Rodríguez:	Marquesa
Raúl Guarderas:	Älterer Aristokrat
Renato Ortega:	Jüngerer Aristokrat
María Silveria Sanunga León:	Alte Indígena
Fortunato Hipo:	Schamane
Pedro Torres:	Pfarrer
Stefan Rehberg:	Spörl
Kathrin Waligura:	Frau Spörl
Helmut Straßburger:	Spanischer König
Margit Bendokat:	Spanische Königin

In weiteren Rollen: Santiago Castro, Christoph Engel, Juan Guamán, Gerhard Hähndel, Heike Herrmann, Holger Hövel, Gerard Jourde, Gundula Köster, Alfonso León, Marlis Ludwig, Florian Martens, Katrin Martin, Claudia Michelsen, Jorge Miñarcaja, Esteban Miñarcaja, Agustina Miñarcaja, Hector Napolitano, Klaus Pönitz, Claus Stahnke, Jana Simon, Damián Sisa, Jorge Vivanco, Jürgen Watzke, Axel Werner, Flor Zula, Einwohner der Comunidad La Moya – Calpi, Provincia del Chimborazo, Einwohner der Comunidad Totorillas – Chorrera, Provincia del Chimborazo.

Owen Beattie/John Geiger

Der eisige Schlaf

Das Schicksal der Franklin-Expedition

138 Jahre lang blieb es ein Geheimnis, warum die Sir John Franklin-Expedition von 1845-48 auf so rätselhafte Weise scheiterte. Bis auf Sichtweite waren die letzten Überlebenden an die Nordwestpassage, die ihr Ziel war, herangekommen, um dann elendig und unter mysteriösen Umständen zugrunde zu gehen.

Was geschah wirklich auf dieser unseligen Polarexpedition?

Die Entdeckung und die Exhumierung dreier Seeleute der viktorianischen Zeit durch den Anthropologen Dr. Owen Beattie führte 138 Jahre später zur Aufklärung des Schicksals der berühmten Expedition.

vgs verlagsgesellschaft

Anne Ross/Don Robins

Der Tod des Druidenfürsten

Die Geschichte einer archäologischen Sensation

Am Freitag, den 1. August 1984, findet ein englischer Torfstecher in Lindow-Moor bei Manchester ein gut erhaltenes menschliches Bein. Das Bein könnte ein Beweisstück eines vor kurzem begangenen Mordes sein – 18 Monate zuvor wurde schon ein Schädel in der Nähe gefunden. Mit der Hoffnung, daß weitere Körperteile entdeckt werden können, wird die Suche fortgesetzt und tatsächlich wird ein größerer Teil eines Körpers in einer Torfwand entdeckt: Es ist ein männlicher Torso, der in der Taille abgetrennt worden ist.

Ein Fall für die Polizei?

Die Autopsie liefert jedoch eine unerwartete und zugleich sensationelle Antwort: Der Lindow-Mann ist über 2000 Jahre alt!

vgs verlagsgesellschaft

Marie Jaoul de Poncheville

Sieben Frauen in Tibet

Auf den Spuren von Alexandra David-Néel

Im Sommer 1989 brachen sieben Frauen um Marie Jaoul de Poncheville zu einer großen Expedition nach Ost-Tibet auf.

Auf den Spuren der legendären Tibet-Forscherin Alexandra David-Néel legten sie über 7000 km zurück und drangen in die entlegenen Provinzen Kham und Amdo vor.

Die Gruppe sah sich im Verlauf ihrer Expedition mit harten Problemen konfrontiert: Die blutigen Vorgänge am Tiananmen-Platz in Peking hatten erst einige Tage vor Beginn der Expedition stattgefunden und plötzlich war es nicht mehr möglich, 18000 Meter Film aus dem Lande zu schaffen, obwohl vorher bereits alle für die Dreharbeiten nötigen Genehmigungen der chinesischen Behörden vorlagen.

vgs verlagsgesellschaft

Michael Vogeley

Inlandsis

Vorstoß ins ewige Eis

INLANDSIS – Dieser Name steht für ein einzigartiges Abenteuer, das 12 Forscher zu Beginn des arktischen Winters im grönländischen Eis wagten.

Dieses Tagebuch wurde unter oft schwierigen Bedingungen in Grönland geschrieben: Beim Biwak im Anblick einer Gletscherhöhle, nach der Befahrung eines Eisschlundes, auf dem maßlosen Inlandeis bei extremen Minusgraden, umgeben von Hoffnungslosigkeit...

INLANDSIS wurde vom einzigen deutschen Teilnehmer der französischen Expedition, von dem Bergsteiger, Höhlenforscher und Arktisspezialisten Michael Vogeley verfaßt.

vgs verlagsgesellschaft